세상에,
엄마와
인도 여행이라니!

사진 도움을 주신 분_ 김정남
52p, 53p, 214p, 215p

세 여자의 '코믹액션' 인도 방랑기

세상에, 엄마와 인도 여행이라니!

초판 1쇄 발행 2017년 12월 20일
초판 2쇄 발행 2018년 6월 11일

지은이 윤선영
펴낸이 金滇珉
펴낸곳 북로그컴퍼니
편집 김옥자 서진영 김현영
책임 편집 태윤미
마케팅 이예지 김은비
디자인 김승은 송지애
경영기획 김형곤

주소 서울시 마포구 월드컵북로1길 60, 5층
전화 02-738-0214
팩스 02-738-1030
등록 제2010-000174호

ISBN 979-11-87292-81-4 03910

이 도서의 국립중앙도서관 출판예정도서목록(CIP)은 서지정보유통지원시스템 홈페이지
(http://seoji.nl.go.kr)와 국가자료공동목록시스템(http://www.nl.go.kr/kolisnet)에서
이용하실 수 있습니다.(CIP제어번호: CIP2017029810)

세 여자의 '코믹액션' 인도 방랑기

세상에,
엄마와
인도 여행이라니!

윤선영 글·사진

북로그컴퍼니

모든 건 전화 한 통에서 시작됐다!

4

✦ 발단

열다섯 살 무렵,

우리 집은 망했다.

아픔이나 슬픔 같은 식상한 이야기를 하려는 건 아니다. 15년
이 지난 지금 돌아보아도 그런 감정은커녕 부끄럽다는 생각도
들지 않는다. 그저 내가 하고 싶은 이야기는 '집이 망했다'라는
그 리얼한 현실이 나의 성장기에 상당한 불편을 주었다는 것이
다. 그중에서도 나를 가장 불편하게 했던 건 '가난한 집 딸'이라
는 수식어였다. '고생하는 부모님 생각해서 얼른 돈 벌어 힘든
살림에 보태라'는, 가까운 친척들의 무언의 압박은 덤이었다.
어린 나는 답답한 집에서 뛰쳐나가고 싶다는 생각을 자주 했고,

대학생이 된 후에는 아예 한국을 벗어나고 싶다는 열망을 안고 살았다.

그러니 첫 배낭여행이자 해외여행을 어떻게 잊을 수 있겠는가. 친구와 함께 7박 8일간 일본 열도를 일주하는 여정이었다. 고작 50만 원을 들고 갔던 우리는 이틀 밤은 열차에서 잤고, 하룻밤은 맥주를 마시며 강변에서 노숙을 했다. 스물한 살짜리 여자 둘이, 겁도 없이.

결코 아름답거나 우아한 여행은 아니었지만 나는 여행이 주는 자유로움에 매료되었다. 배낭을 멘 여행자들에게는 수식어가 필요 없었다. 트라우마처럼 나를 따라다니던 '우리 집은 망했어'라는 문장이, '가난한 집 딸'이라는 수식어가 여행길 위에는 존재하지 않았다. 게다가 뒷말을 하거나 딱하다는 눈길도 없었다. 그제야 나는 그냥 나, '윤선영'이 될 수 있었다.

그 후 내 삶의 목표는 당연하게도 '여행'이 되었다. 여행 자금을 벌기 위해 틈나는 대로 과외를 했고, 어느 정도 돈이 모이면 배낭을 메고 어디로든 떠났다. 과외가 용이한 교육대학에 다닌 건 천만다행이었다.

그렇게 밖으로 쏘다니며 좋은 것을 많이 보았다. 너무 멋지고 훌륭한 것들을 보면서 태어난 것에 감사한 순간도 많았다. 좋은 음식도 많이 먹었다. 두말할 것 없이 좋은 사람도 많이 만났다.

그런데 이상했다. 그렇게 '좋은' 순간들을 마주할 때마다 한 사람이 생각났다.

바로 엄마.

그 한 사람이 생각나면 어김없이 죄책감이 몰려왔다.

'엄마는 좋은 곳에 오빠와 나를 제일 먼저 데려갔고, 좋은 음식은 내 입에 먼저 넣어줬는데 나는 이렇게 혼자서만 좋은 것들을 만끽하고 있구나…'

이런 마음이 더 절절했던 건 내가 대학생이 된 후에도, 여행을 다니기 시작한 후에도 우리 집 형편은 나아지지 않았기 때문이다. 여행 경비를 달라고 부모님께 손을 벌려본 적은 없다. 하지만 친척들은 좋지도 않은 집안 형편에 혼자 외국으로 나다닌다며 나를 훈계하거나 곱지 않은 시선으로 바라봤다. 그래도 그 한 사람은 달랐다.

"선영아, 나는 네가 여행을 나가서 좋다. 내 딸이 못난 부모 만나서 이렇게 고생하며 외국 다니는 게 항상 마음이 아프다. 엄마는 하나도 고생스럽지 않아. 나는 내 딸이 하고 싶은 걸 맘껏 하는 게 좋아. 우리 딸 마음 불편하게 해서 미안해."

✦ 전개

그 뒤로 10년 남짓의 시간이 흐른 어느 겨울 밤, 나는 두근거리는 마음에 잠을 이루지 못했다. 첫 여행을 시작했을 때에 비하면 배낭여행에 대한 설렘이 훨씬 무뎌졌음에도 불구하고 다음 날 떠날 유럽 여행에 대한 기대 때문에 도저히 잠을 이룰 수 없었다.

그런데 그렇게 기대해 마지않던 유럽에 도착해서는 마음 한 구석이 너무 허전했다. 아름다운 거리를 걷는데 '누군가'가 사무치게 그리웠다. 거리 하나하나가 예술 작품과도 같은 이곳에 '누군가'와 함께 왔으면 좋았겠다고, 그리고 그 '누군가'는 내가 이 세상에서 가장 사랑하는 사람이면 좋겠다고 생각했다. 처음 보는 거리를 걸으며 사랑하는 사람과 소소한 이야기를 나눌 수 있다면 정말 멋질 것 같았다. 그래서 결심했다.

'다음엔 꼭 엄마와 여행을 하자. 그게 어디가 됐든 함께 배낭을 메고 다니며 좋은 것을 보고, 함께 저녁밥을 먹으며 오늘 있었던 일을 도란도란 나누자.'

✦ 위기

인천공항에 들어서자마자 엄마에게 **전화**를 걸었다.

"엄마, 우리 같이 여행 가자."

내 말이 농담처럼 느껴졌던 걸까. 엄마는 흔쾌히 내 제안을 받아들였다. 그래서 한 달 뒤에 다시 엄마에게 전화했다.

"엄마, 어디 가고 싶은지 생각해봤어?"

놀랍게도 엄마는 1초의 망설임도 없이 대답했다.

"인도!"

순간 나도 1초의 망설임 없이 생각했다.

'아니, 왜? 왜, 하필 인도인데?'

"엄마, 스페인은 어때? 터키는? 태국도 좋아!"

"아니, 엄마는 인도에 갈 끼다."

UN 소속 196개국, FIFA 소속 211개국이 있는 이 '지구'라는 세상에서 왜 하필이면 인도에 가고 싶다는 것일까?

"엄만 힘들어서 못 가! 내가 인도에 자주 가니깐 거기가 만만해 보이지? 인도는 나도 힘들어!"

"니도 가는데 엄마가 와 못 가노? 무조건 인도로 GO!"

"하고많은 나라 중에 왜 꼭 인도여야 하는데?"

"엄마 젊었을 때 인도가 유행이었다. 류시화 시인의 인도 여행기도 인기 있었고, 그때는 인도 배낭여행 한 번 갔다 오면 멋있다 캤다."

"하나도 안 멋있어. 그때는 엄마가 젊기라도 했지. 지금 엄마 나이를 생각해봐."

"그래도 내는 인도 갈 끼다."

엄마를 만류하기 위해 좀 더 세게 나가기로 했다.

"거기서 힘들어 죽겠다고 해도 난 몰라. 엄마 죽으면 화장해서 갠지스에 뿌려줄게. 갠지스에 뿌려지면 천국 간대."

"그거 좋~네~."

그 엄마에 그 딸이라더니, 눈 하나 깜짝 않고 여유롭게 받아치는 우리 엄마. 엄마가 인도에 가고 싶다는 것도 놀라웠지만 여행에 이토록 적극적이라는 사실이 더 놀라웠다.

✦ 절정

그렇게 국내 배낭여행조차 해본 적 없던 방년 58세, 곧 환갑인 엄마는 1초의 망설임도 없이 '인도'를 택했고, 나는 엄마의 뜻이 정 그러하니 그 '인도'에 가기로 결심했다. 이 과정에서 또 하나 놀라운 일이 벌어졌는데, 까칠하기 그지없는 55세 골드미스 이모가 이 인도 여행에 꼽사리 꼈다는 것이다. 혼자 좋은 것 보고 다니는 게 죄송해서, 그리고 사랑하는 사람과 함께하는 여행에 대한 기대와 낭만 때문에 벌인 '여행 이벤트'가 왠지 헤어나올 수 없는 블랙홀이 될 것 같다고 느끼는 건 나뿐일까?

9

✦ 절망… 혹은 다시 위기?

인도로 가는 비행기 표 세 장을 결제했다.

31세 내 것, 55세 이모 것, 58세 엄마 것.

….

아무리 생각해도 이건 미친 짓이다.

세상에 처음 나와 마냥 수줍던 **엄마**가

인 도와 친구가 되었다.

차례

PART 1

내가 사랑하는
여자들

그녀들이
도착했다

"해외여행을 많이 다닌 건 아니지만,
나도 왕년에 전국의 산이란 산은 다 다녔다!"

짐 싸기에 있어서는 타의 추종을 불허한다는 자칭 산행
전문가 이모였다. 그런데 그녀의 배낭에서 떡하니 '전기 커
피포트'가 나왔다.

"이모, 이거 어디다 쓰게?"

"물 끓여서 차 마셔야지."

인도로 출발하기 하루 전이다. 서울역에서 엄마와 이모
를 픽업해 내 자취방으로 모셔온 지 한 시간도 되지 않았다.
여행을 시작하기도 전에 잔소리를 하는 게 뭣해서 고개를
끄덕이며 이모의 나머지 짐을 살폈다. 그런데 이모의 배낭
에서 나오는 것들이 가관이었다.

선식 1킬로그램

쌀 1킬로그램

고추장

작은 냄비

수저 3세트

등산 계획도 없는데 챙긴 등산화

율무차

녹차

커피

과자 한가득

컵라면

빨래할 때 쓴다는 세숫대야

고무장갑

수세미

세제

….

이 모든 것이 배낭 하나에서 나왔다는 게 놀라웠다.

"이모, 인도도 사람 사는 데야. 이런 거 다 가져갈 필요 없
어."

나는 우선 선식을 과감하게 빼버리는 것으로 본격적인

짐 검사를 시작했다. 그러자 이모의 입이 남산만큼 튀어나왔다. 내가 쌀까지 빼내려 하자 이모가 다급하게 말했다.

"거긴 쌀이 길쭉하고 찰기 없이 날아다닌다고 안 하드나?"

"그것도 먹다 보면 맛있어."

"싫다. 한국 쌀 들고 가서 밥 해먹을 끼다."

겨우겨우 이모를 설득해 쌀은 포기시키고, 대신 선식과 고추장을 소분해 가져가는 것으로 타협했다. 이모 배낭의 무게가 줄어들기는 했지만 나는 여전히 이모의 짐이 못마땅했다. 내 기준에서는 아직 빼야 할 것들이 넘쳐났다.

"이모, 이거 들고 한 달을 돌아다녀야 해. 짐이 무거우면 이모 엄청 힘들 거야."

내가 수세미며 온갖 잡동사니를 빼내며 말하자 이모의 표정이 급속도로 냉각됐다. 그때 누군가가 해준 충고가 떠올랐다.

 '어른들과 여행 시, 그들이 가방에 무엇을 싸든 그냥 가만히 있으라.'

 나는 이모의 배낭을 바라보다가 (물론 이모의 눈치를 보며 과자와 컵라면, 커피포트 등 많은 종류의 짐을 빼버리기는 했다.) 엄마의 배낭으로 눈을 돌렸다. 혹시 엄마 배낭 속에 냉동된 사골 국이라도 있을까 봐 걱정했는데 다행히 엄마의 짐은 아주 단출했다. 베테랑의 짐이라고 해도 손색이 없을 정도로.

 마지막으로 내 짐을 한번 훑어본 후, 나는 먼저 자리 잡고 누운 이모와 엄마 곁에 누웠다. 금세 곯아떨어진 두 여사님들과는 달리 나는 좀체 잠이 오지 않았다.

 처음이었다.

 가까운 사람과 배낭여행을 하는 것이.

 걱정됐다.

 잘할 수 있을까 싶어서.

 이 여행을 무사히 끝낼 수만 있다면 지금 당장 일어나 무릎을 꿇고 인도의 '시바 신'에게라도 기도를 드리고 싶은 심정이다.

✦

인도가
그렇게 좋아?

〰〰〰〰〰　　엄마가 인도 이야기를 꺼냈을 때 팔
짝 뛰기는 했지만, 사실 나는 인도를 사랑한다. 평생 쓸 수
있는 사랑에 '총량'이 있다면 나는 이미 내가 가진 사랑의
많은 부분을 인도에 줘버렸을 것이다.

정신없이 배낭여행을 다니던 20대 시절, 나는 인도를 네
번 여행했다. 과외로 벌 수 있는 최대치의 돈으로 가장 오
래, 가장 멋지게 머물 수 있는 '가성비' 높은 나라였다는 게
가장 큰 이유였지만, 사실 그 이유가 아니었더라도 나는 인
도를 사랑했을 것이다. 내가 여행했던 인도의 모든 도시 하
나하나, 편애 없이, 공평하게.

그래서 이런 질문을 자주 듣는다.

"인도가 그렇게 좋아?"

이 질문에 제대로 대답하자면 사전설명이 좀 필요하다.

내가 어릴 적, 우리 집은 꽤 잘살았다. 아빠는 사업을 하면서 구의원에도 당선된, 나름 지역의 유명인이었다. 하지만 내가 열다섯 살 무렵, 아빠 회사가 부도났다. 동네에서 가장 좋은 2층 벽돌집에 살던 우리 가족은 하루아침에 월세방 신세가 되었고, 아빠는 빚쟁이들을 피해 도망 다녀야 했다. 가족의 바람과는 달리 상황은 점점 더 악화되어 어쩔 수 없이 오빠와 나는 외삼촌 집에 얹혀살았다. 숙모의 눈칫밥을 먹으면서. 엄마는 아빠와 함께 숨어 지내야 했고. 드라마에서만 보아오던 상황이 현실이 되어버린 것이다. 다행히 몇 개월 후 우리 가족은 다시 모일 수 있었다. 하지만 이전과는 너무나 다른 환경이 우릴 기다리고 있었다. 고등학교를 졸업하고 대학에 갈 때까지, 그리고 여행에 첫발을 내딛기까지 나는 자주 울지는 않았지만 자주 가슴을 앓았다. 현실이 현실이 아니었으면 좋겠다는 생각이 나를 옭아맸던 것 같다.

각설하고, 다시 인도 질문으로 돌아오자.
그래, 나는 인도를 좋아한다. 그것도 아주 많이.
인도는 분명 더럽고, 정신없고, 위험한 나라다. 하지만 전

세계의 여행자들을 불러 모으는 매력을 가진 나라다.

인도에 처음 갔을 때 모든 게 비현실적이라 놀랐다. 나의 상식과는 전혀 맞지 않는 일들이 버젓이 눈앞에서 일어났다. 신기하기도 하고, 화가 나기도 했지만 곧 깨달았다. 내가 생각하는 상식이란 그저 내게 익숙한 것들이라는 것을.

그리고 또 하나 놀랐던 건 인도인들의 마음가짐이었다. 어떤 문제 앞에서도 그저 웃으며 "No problem!"이라 말하는 사람들, 치유될 수 없을 것 같은 아픔 앞에서도 "No problem!"이라 외치는 사람들, 너무도 버거운 현실 앞에서도 "No problem!"이라고 운을 띄우는 사람들의 마음가짐 말이다.

처음에는 뭐 이런 긍정적인 사람들이 다 있나 싶어 얼떨떨했는데 어느 순간 나도 이런 생각을 하고 있었다. 그래, No problem. 나의 아팠던 시간도 No problem. 오래된 상처도 No problem. 나를 따라다니던 수식어도 No problem. 나의 가난도 No problem.

인도인들은 삶을 고행이라 여겨 다음 생이 없는 죽음을 갈망한다고 한다. 그런 죽음을 가능하게 하는 곳이 바로 갠지스 강이란다. 나는 갠지스 강에 빠져 죽는 대신 그 강에 나의 고민과 상처, 어두운 마음을 던져버리고 돌아왔다. 그리고 다음 생은 없다는 듯 오늘을 즐기며 살기로 했다. 뭐,

그 뒤로도 수많은 시련이 찾아오기는 했지만 나는 그때마다 마음속으로 이 주문을 외운다.

"No problem!"

엄마와
인도 여행이라니

새벽 4시, 고소한 밥 냄새에 잠이 깼다.

"여행을 가기 전에 든든하게 먹어야 해."

엄마와 이모는 내 앞에 뜨끈한 누룽지와 잘 익은 김치를 내놓았다. 역시 여사님들과 여행을 가니 뭐가 달라도 달랐다.

든든하게 배를 채운 우리는 각자의 배낭을 메고 집을 나섰다. 두둑한 배낭을 멘 엄마는 뒤뚱대지도 않고 앞서서 잘 걸었다. 예상과 달리 가장 뒤처진 사람은 바로 나였다.

엄마(박귀미 여사) 58세, 이모(박귀연 여사) 55세, 나 31세, 도합 144세.

기준에 따라 다르기는 하겠지만 엄마와 이모는 물론 나조차도 '어리지' 않다. 셋 중 배낭여행을 해본 사람은 오로지 나뿐인데 가는 곳이 베테랑 여행자들도 힘들다는 인도

다. 이제 와서 이런 이야기를 해봤자 무슨 소용이 있겠냐마는, 엄마와 이모와 인도 여행이라니! 좋은 징조라고는 마치 가까운 곳에 놀러 나가는 듯 마냥 해맑은 두 여사님의 얼굴 뿐이다. 계란과 사이다를 사겠다며 편의점으로 들어가는 들뜬 여사님들의 뒷모습을 보며 이분들, 오래전부터 세계 일주를 꿈꾸었던 건 아니었을까, 생각했다.

모아둔 돈이 많지 않은 나는 두 여사님을 저렴한 비행기에 태워야 했다. 그래서 선택한 비행기가 에어아시아. 버스처럼 덜컹거리고, 따로 결제하지 않으면 기내식도 주지 않는 비행기에 엄마와 이모를 태운다는 게 못내 미안했다.

"엄마, 다음에 돈 많이 벌면 더 큰 비행기 태워줄게."

"됐다 마, 그 돈 내를 주고 담에도 에어아시아 타자."

역시 아주머니들은 실용주의자다.

내 기억이 맞다면, 엄마가 비행기를 타는 건 15년 만의 일이다. (해외로 나가는 비행기는 처음이다.) 오랜만의 비행을 마음껏 즐기라고 창가 자리를 내어주니 엄마가 이륙 전부터 창가에 코를 붙이고 있다. 그때 눈에 띈 엄마의 키미테.

"엄마, 멀미할까 봐 키미테 붙였네."

"여행 초반부터 멀미하면 딸 힘들 꺼 아이가."

문득 함께 여행을 하자는 첫 전화 통화 이후, 엄마는 홀로 어떤 준비를 해왔을까 궁금해졌다. 여행에 필요한 것들을

하나하나 챙기면서 가슴 설레었을까, 아니면 두려웠을까.
나는 창밖을 뚫어져라 바라보는 엄마의 뒷모습을 보며 전
자였을 거라고 확신했다. 왠지 엄마의 키미테까지 설레어
보였으니까.

"엄마, 좋아?"

"그라믄!"

그 말에 있는지도 몰랐던 긴장이 확 풀려버렸다. 그제야
나는 어제 못 잔 단잠에 빠져들었다.

그저 택시
한 대 탔을 뿐인데

긴 비행 끝에 드디어 캘커타 국제공항에 도착했다. 이곳은 벵골 지역(남아시아 동북부 지방. 인도 동부의 서벵골 주와 방글라데시 일대를 말한다.)의 유일한 국제공항으로, 인도에서도 나름 규모가 크고 현대적인 곳이다. 하지만 세계 최고의 공항이라는 인천공항을 먼저 본 두 여사님들 눈에는 대단히 허름해 보였던 모양이다.

우선 박귀미 여사 왈.

"선영아, 여긴 버스 정류장이랑 같이 사용하는 공항이가?"

그리고 박귀연 여사 왈.

"아무리 허름하기로서니 여긴 에어컨도 안 트나. 와 이리 덥노?"

인도를 사랑하는 나는 발끈했다.

"엄마, 버스하고 비행기가 어떻게 같은 공간을 사용해? 그리고 이모, 여기는 시원한 편이야. 이제 밖으로 나가면 엄청 더울 테니 각오해야 해."

내 말에 엄마가 "모르면 그럴 수도 있지."라고 중얼거렸다. 그러면서 이모와 다시 소곤댔는데, 역시나 무슨 공항이 시골 간이역보다도 못하냐는 이야기였다. 나는 고개를 저으며 두 여사님을 앞서 걸었다. 어쨌든 무사히 인도에 도착했다. 문제라면 새벽 2시에 도착했다는 것인데, 프리페이드 택시(공항에 있는 부스에 목적지를 말하고 요금을 선결제하면 추가 요금 없이 목적지에 데려다주는 택시)가 있으니 이 문제는 충분히 해결 가능한 문제였다.

공항을 나와 부스에서 표를 사고 우리를 기다리고 있던 택시 기사를 따라가려는데 이모가 갑자기 내 손목을 잡았다.

"저 사람 택시 타면 안 된다!"

"왜?"

내가 더 놀라서 물었다.

"택시에 사이드미러가 없다."

이모의 말을 듣고 우리가 탈 택시를 보니 사이드미러가 박살이 나 있었다. 나는 익히 보아오던 장면이라 별거 아니라며 말했다.

"인도에선 사이드미러가 필요 없어. 얼른 타자."

이번에는 엄마가 물었다.

"그기 와 필요 없는데?"

"엄마, 타보면 알아. 걱정 말고 타."

베스트 드라이버라 자신하는 엄마와 이모는 아무리 생각해봐도 안 되겠는지 우물쭈물했다.

"우리 나눠서 타고 가까? 셋 다 죽으면 시체는 누가 한국에 가져가노?"

"언니야, 진짜 좋은 생각이다. 우리 그래 하자!"

나는 여사님들의 말을 잠깐 들어주다가 그녀들의 등을 떠밀어 택시에 탑승시켰다. 그리고 나도 얼른 택시에 몸을 실었다. 그러자 택시는 기다렸다는 듯 광란의 질주를 시작했다.

새벽이라 도로에 차가 없어 택시 기사는 원하는 대로 속력을 낼 수 있었다. 사실 인도에는 속도를 지키는 사람이 없다. 차선을 지키는 사람도 거의 없다. 3차선 도로에서 대여섯 대의 차가 나란히 달리는 게 보통이다.

피곤하기도 하고, 인도에 왔다는 생각에 나른해져 잠시 정신을 놓고 있는데 찰싹, 등을 때리는 날랜 손길에 정신이 번쩍 들었다.

"야, 야, 이거 내리자."

"왜 또?"

"이 아저씨 사이드미러도 없는데 차선을 계속 바꾼다 아이가."

"괜찮아. 뒤에 차가 없으니까 바꾸는 거야."

"사이드미러도 없는데 그걸 어찌 아나?"

"인도에선 차선을 바꿀 때 경적을 울려. 만약에 우리 차가 경적을 울렸는데 뒤차가 경적을 울리면 차선을 바꾸면 안돼. 반대로 뒤에서 경적 소리가 안 나면 차선을 바꿔도 되고. 봐봐. 이 아저씨도 차선 바꿀 때 경적을 울리잖아."

엄마와 이모는 인도의 새로운 운전법 원리를 익히기라도 하듯 잠잠해졌다. 몇 분 뒤, 과연 우리 차는 차선을 바꾸기 전에 경적을 울렸고, 경적을 받아치는 뒤차가 없다는 걸 확인한 뒤 차선을 바꿨다. 이 모든 게 그저 신기한 엄마와 이모는 고개를 양쪽으로 돌려가며 차선을 살폈고, 금세 또 이렇게 외쳤다.

"선영아, 저 차는 사이드미러가 있는데 아예 접고 달린다!"

"1차선에 차가 두 대씩 다니기도 하니깐 사이드미러가 많이 부서지거든. 그래서 아예 접고 다니는 차들도 많아."

"선영아! 저기 도로에 말이 다닌다!"

"내일은 도로에서 소랑 염소도 볼걸."

엄마와 이모는 난생처음 택시를 타보는 사람처럼 끊임없이 묻고, 답하고, 놀라고, 감탄했다. 나 역시 처음 인도에 왔을 때 지금의 두 여사님 같았을 것이다. 택시를 타고 가는 내내 엄마와 이모는 충격인지 공포인지 감탄인지 모를 비명을 질러댔다. 그리고 두 여사님의 소란스러움에 전혀 반응하지 않는 택시 기사는 묵묵히 자신의 길을 걸었다. 그렇게 우리들은 인도의 새벽길을 내달렸다.

캘커타,

기억

익숙한 햇살이다. 지독하다 싶을 정도의 뜨거운 아침 햇살.

그러고 보니 캘커타에는 5년 만이다. 결코 아름다운 추억이 있는 것도 아닌데 이상하게 캘커타를 떠올리면 아련한 기분이 든다. 그때 나는 무려 섭씨 40도를 오르내리는 캘커타에서 한 달하고도 일주일을 보냈다.

서더스트리트(캘커타의 여행자 거리)를 정처 없이 걸어 다니며 짜이를 마시고, 노점상들과 수다를 떨고, 그러다 지치면 이름만 호텔인 끔찍한 시설의 파라곤 호텔로 들어가 낮잠을 잤다. 한참을 떠돌다 인력거를 타고 숙소로 돌아오는 길에 땀에 젖은 등허리와 거친 맨발의 인력거꾼을 바라보며 눈물을 흘린 적도 있다.

어느 날에는 폭우가 쏟아졌다. 숙소 3층에서 지냈는데도 무릎까지 빗물이 들었다. 같은 도미토리에 있던 사람들 모두 침대 가장자리에 짐을 밀어두고 침대 모서리에 앉아 물이 빠지기만을 기다렸다. 침대 주변으로 각종 쓰레기며 온갖 부유물들이 떠다녔다. 그런데도 당시 나와 숙소 친구들은 "물이 더 차면 우리는 어떻게 되는 거야?"라는 농담을 던지며 시시덕거렸다.

캘커타에 사는 사람들의 인생 자체가 다큐멘터리.
__ 다큐멘터리 〈오래된 인력거〉 중에서.

캘커타 골목골목에 자리 잡고 있는 뜨거운 이들의 삶을 지켜보면서 나는 위 문장을 자주 떠올렸다.

한국으로 돌아간 나는 순간순간 캘커타가 그리워 새벽에 잠도 못 자고 우두커니 앉아 있곤 했다. 캘커타에서의 말도 안 되는 멋진 기억들 때문에.

그곳에 다시 돌아온 지금, 나는 눈도 뜨지 않고 미소부터 짓고 있다.

✦

인도와의
첫인사

〰〰〰〰〰〰 나의 감상은 딱 여기까지.

엄마와 이모의 성화에 못 이겨 눈을 뜨고 조식도 패스한 채 그리워 마지않았던 캘커타의 거리로 나왔다. 호텔에서 나오자마자 이모가 먼저 입을 열었다.

"와, 여기 전쟁 났었나?"

"전쟁?"

"봐라, 건물이 다 부서져 있다!"

"인도라서 그래. 건물 관리를 잘 안 하거든."

사실 엄마와 이모가 인도에 대해 이건 왜 이러냐, 저건 왜 저러냐, 라고 물을 때마다 적당한 답이 떠오르지 않았다. 그냥 인도라서 그런 거니까. 재미있는 건 어른들의 특징인지, 이 자매의 특징인지 내가 아무리 설명을 해줘도 자신들이 믿고 싶은 대로 믿는다는 거다.

"니가 몰라서 그런 기다. 분명 여기에 큰 전쟁이 있었다."

나는 엄마와 이모의 팔짱을 끼고 캘커타의 새벽 공기를 가르며 산책을 시작했다. 두 여사님은 나를 가운데에 두고 세상에 처음 나온 병아리들처럼 좋아댔다. 그녀들의 눈에는 모든 것이 낯설었다.

"선영아, 저 사람들은 다 거지가?"

"아니야. 더워서 밖에서 자는 거야."

"멀쩡한 집을 놔두고 왜 밖에서 자는데?"

"집보다 밖이 시원하거든."

"그럼 모기에 안 물리나?"

"글쎄. 인도 사람들 몸에서 모기 물린 자국을 본 적이 없어."

"그런데 여기는 시골이가?"

"여기 캘커타잖아. 인도의 5대 도시 중 하나라고."

"그럼 저 염소 떼는 뭔데?"

"도시에 사는 염소지."

"도시에서 와 염소를 기르나?"

이 질문에는 뭐라 답해야 할까. 나도 가끔은 도대체 왜 도시에 이렇게 많은 염소들이 있는지 궁금했다. 잠시를 못 참고 엄마가 또 물었다.

"저 사람이 만드는 건 뭔데?"

"짜이라고, 인도 사람들이 일하다가 한 잔씩 마시는 차야."

"홍차?"

"응. 홍차에 우유를 탄 거야."

그 뒤로도 질문은 쏟아져 나왔다.

저건 집이냐?

저건 상점이냐?

저건 파는 거냐?

저건 먹는 거냐?

저건 뭐냐?

….

역시나 인도는 자신을 처음 찾아온 여행자에게 수백 가지 질문이 담긴 첫인사를 건넸다. 살던 곳과는 확연히 다른 사람들, 건물, 풍경, 거리의 공기…. 그 모든 것들이 때로는 새롭게, 때로는 신선하게, 때로는 믿을 수 없는 충격으로 다가오겠지만 여행에 젖어들수록, 인도라는 나라에 젖어들수록 인도가 건넨 첫인사에 대한 답을 얻게 될 것이다. 그 모든 질문들의 답은 대부분 한 가지.

"여기는 인도니까."

엄마의
문화 충격

〰〰〰〰　　　　58년 만에 처음 외국에 나온 우리 엄마, 박귀미 여사의 문화 충격은 당신의 딸인 '나'로부터 시작되었다.

　나는 두 여사님을 모시고 인도에서 가장 맛있는 카레를 판다는 곳으로 갔다. 물론 거창한 레스토랑은 아니었다. 가이드북에도 소개되어 있지 않은 현지 식당으로, 처음 캘커타에 온 사람이라면 절대로 찾아갈 수 없는 곳에 자리 잡고 있는 가게였다. 나는 엄마에게 '진짜' 인도를 보여주고 싶었다. 그 나라의 문화를 가장 잘 보여주는 것이 바로 음식 아닌가. 솔직히 '인도에서 가장 맛있는 카레'라는 데에는 동의할 수 없지만 '꽤 맛있는 카레'를 파는 집인 것만은 분명했다.

　그런데 엄마는 내 기대와 달리 카레를 앞에 두고 고개를 내저었다. 역시 신토불이 입맛을 고수하는 엄마에게 무리였던 걸까. 오히려 카레를 두고 까탈 부릴 거라 생각했던 이모가 맛있게 수저를 놀렸다. 그런 이모를 가만 바라보던 엄마가 내게로 고개를 돌리더니 혀를 차며 말했다.

"딸, 니가 내를 이래 보내는구나. 니 혼자 마~이 무라."

엄마가 이 카레를 맛있게, 기분 좋게 먹을지도 모른다는 내 기대도 만만찮았는지 엄마의 반응에 급 울적해졌다. 곱디고와 보이는 노오란 카레 색도 엄마에게는 그저 식욕을 떨어뜨리는 색일 뿐이었다. 엄마는 대놓고 고개를 돌려버렸다. 어릴 적 내가 음식을 앞에 두고 맛없어 보인다, 먹기 싫다, 투정할 때마다 "니 그러는 거 아니다."라고 단호히 말하며 내 입안으로 음식을 욱여넣던 엄마는 어디로 간 걸까.

갑자기 엄마가 주섬주섬 가방을 뒤지더니 선글라스를 꺼내 썼다.

"엄마, 실내에서 그걸 왜 쓰는데?"

"카레 냄새 땜에 쓴다 아이가."

도대체 카레 냄새와 선글라스는 무슨 관련이 있는 걸까? 주변에서 밥을 먹던 인도인들도 엄마를 보며 키득댔다. 엄마는 그 키득댐이 비웃음처럼 느껴졌는지 주위를 싸늘하게 돌아보았다. 꽤 마음이 상한 듯했다. 어쨌든 나는 배가 고팠으므로 내 앞에 놓인 카레를 먹기 시작했다. 인도에 올 때마다 언제나 그랬듯 맨손으로. 손가락까지 쪽쪽 빨아가면서.

"내가 니를 그래 가르쳤나? 어데 드럽게 손으로 밥을 묵나, 으이?"

엄마의 성난 목소리가 직구로 날아왔다. 엄마는 그 정도로는 성에 차지 않는지 내 등을 '찰싹' 소리가 나도록 때렸다.

"앗, 따가워. 왜 때려? 여긴 원래 이렇게 먹는 거야."

이번에는 나도 질 수 없었다. 이건 엄연히 한 나라의 문화다.

"엄마! 인도에서는 손으로 밥을 먹어, 나처럼. 주변 좀 둘러봐."

엄마도 지지 않았다.

"우리는 한국 사람 아이가? 한국에선 다들 수저로 밥 먹는다!"

나는 한 시간 전만 해도 예상하지 못했던 이 어이없는 상황에 어안이 벙벙했다. 한편으론 편식하는 엄마가 웃기기도 했고, 한편으론 정색하는 엄마에게 화가 나기도 했다. 문제는 내가 그냥 가만히 있으면 될 것을 낄낄대며 웃어버렸다는 것이다. 그러자 엄마의 손바닥이 강속구로, 그것도 여러 번 내 등에 꽂혔다.

"아파, 엄마! 그만해, 제발. 나도 처음부터 이런 건 아니라고!"

내가 인도에서 손으로 밥을 먹기 시작한 건 두 가지 이유

때문이다. 당연히 현지 문화를 받아들여야 한다는 생각이
첫 번째 이유였고, 두 번째 이유는 (이게 좀 더 현실적인 이유
이긴 하다.) 인도인들의 위생 관념과 나의 위생 관념이 너무
도 달랐기 때문이다. 이렇게 이야기하면 좀 미안하지만, 현
지인들이 깨끗하다고 생각하는 수준이 상상을 초월할 만큼
더럽다. 현지 식당의 주방 안을 그저 흘끗 쳐다보기만 해도
그냥 깨끗하게 씻은 내 손으로 밥을 먹자, 라는 생각이 절로
들 것이다. 그런데 엄마는 이러한 상황을 모른다. 이 모든
걸 다 설명하느니 차라리 맞으면서 밥이라도 먹자 싶어 나
는 치켜뜬 엄마의 눈을 피하며 접시에 코를 박았다.

내가 밥을 다 먹을 때까지 엄마의 '등 싸대기'와 잔소리는
계속 이어졌다. 엄청난 문화 충격과 배고파서 쌓인 스트레
스로 성이 잔뜩 난 엄마가 식당을 나서며 말했다.

"다신 인도 현지 식당 안 갈란다."

뭐, 괜찮다. 갈 길이 멀어 보이지만 엄마가 카레를 먹는
날도 오겠지. 나도 그 옛날 그렇게 싫어하던 채소를 지금은
맛있게 먹고 있으니까. 물론 엄마가 억지로 채소를 내 입에
욱여넣었던 게 큰 발판이 되긴 했지만 말이다. 그렇다면 다
음번엔 엄마 입에 카레를…?!

이길 수 없는
싸움

〰〰〰〰〰 '58세 노모, 성격이 이상한 55세 이모와 함께 사랑의 선교회 봉사 활동을 하려고 합니다. 도와주세요.'

캘커타는 방글라데시 국경과 인접한 도시로 인도 동쪽에 치우쳐 있어 다즐링과 시킴을 제외하면 도시 간, 지역 간 이동이 불편한 곳이다. 때문에 짧은 시간 인도를 여행하는 사람들은 군이 캘커타를 찾지 않는다. 그리고 '그럼에도 불구하고' 캘커타를 찾는 사람들은 정확한 목적을 가지고 온다. 바로 '사랑의 선교회'에 가는 것.

인생 목표 중 하나가 '캘커타 사랑의 선교회에서 봉사하기'였던 나는 5년 전 그 꿈을 이루기 위해 캘커타를 찾았다.

하지만 일이 익숙해지기도 전에 알레르기성 눈병에 걸려 그날로 봉사 활동을 접었다. 그래서 언젠가 꼭 다시 캘커타로 돌아와 못다 한 봉사를 하리라 다짐했는데, 바로 그날이 온 것이다.

그런데 문제가 있었다. 이번에는 나 혼자가 아니었다. 엄마만 더해진 게 아니라 까칠 대마왕 이모도 있었다. 이건 정말 큰 문제였다.

4남매 중 셋째인 이모는 올해로 55세를 맞은 노처녀다. 어릴 때 워낙 방실방실 잘 웃어서 '방실이'라는 별명을 얻은 이모였지만 어느 순간 성격이 '확' 바뀌었다. 맥락 없이 이어지는 잔소리는 물론이고 툭하면 별일 아닌 일에도 화를 냈다. 안부차 전화를 걸어도 이모 입에서는 좋은 말이 나오지 않았다.

"선영이 니는 언제 시집갈 끼가?"

"그렇게 여행만 다니다 죽을 끼가?"

"제대로 하는 게 그래 없나?"

"니는 니 생각만 하나?"

이모가 나를 위해 하는 이야기라며 고약한 말을 쏟아낼 때마다 나는 참을 인 자를 마음속에 새기고 또 새겼다. 아무리 못되게 굴어도 이모는 이모였으니까. 그리고 그냥 이모도 아니었다. 어릴 적 오빠와 나를 친자식처럼 예뻐해주고,

용돈도 잘 주고, 우리 집이 망해서 가족이 뿔뿔이 흩어져 있을 때 우리 남매를 끝까지 챙겨준 사람이었다. 어디 그뿐이랴. 빚쟁이들을 피해 도망 다니던 부모님들과 유일하게 연락하며 우리 남매에게 엄마, 아빠의 소식을 전해주던 사람도 이모였다. 이모가 결혼하지 않은 게 혹시 조카들을 돌보느라 때를 놓친 게 아닌가 싶어 우리 남매는 무슨 일이 있어도 이모의 생일을 챙긴다. 그러니 이번 여행이 '효도 여행'의 성격이 강하다면 이 여행에서 이모의 역할은 꼽사리가 아니라 '주인공 2'라고 하는 게 맞을 것이다.

하지만 급격하게 변한 이모의 성격을 맞추는 건 기적에 가까웠다. 이런 이모를 데리고 봉사 활동을 가야 하다니…. 게다가 호텔에서 사랑의 선교회까지 가려면 뜨거운 태양을 받으며 장장 30분 이상을 걸어야 한다. 길이나 잘 찾으면 괜찮으련만, 5년 전에도 제대로 찾아가지 못했던 곳을 과연 한 방에 찾아낼 수 있을까. 택시를 타면 되지 않느냐고 말하는 사람도 있겠지만, 사실 현지인들은 '사랑의 선교회'를 잘 모른다. 때문에 택시를 탄다 해도 엉뚱한 곳에 내려줄 가능성이 크다. 그러면 이모가 더 폭발할지도 모른다. 그래서 걱정됐다. 사랑의 선교회에서 봉사를 하다가 쓰러지는 게 아니라 그곳에 도착하기도 전에 이모의 폭풍 잔소리에 쓰러질까 봐. 거기에 더해 나이 든 엄마까지 챙기다가 기절해버

릴까 봐. 나는 방법을 강구해야 했고, 오랜 고민 끝에 인도 관련 카페에 글을 남겼다.

'58세 노모, 성격이 이상한 55세 이모와 함께 사랑의 선교회 봉사 활동을 하려고 합니다. 도와주세요.'

다행히 오지랖 넓고 착하디착한 한 남자가 도움의 손길을 보내왔다. 당시 캘커타에 6개월간 머물고 있던 롭상 오빠였다. 그는 우리가 머물던 호텔로 찾아와 친히 사랑의 선교회로 우리를 이끌어줬고, 오리엔테이션을 잘 마칠 수 있도록 도와주었다. 좋은 일을 하기도 전에 천사를 만난 격이었다. 물론 이모가 이 천사를 자꾸만 인도에 오래 머문 국적 모를 사기꾼으로 봐서 민망하긴 했지만.

◆

사랑의 선교회는 마더 테레사 수녀님이 캘커타의 빈민들을 보살피기 위해 세운 봉사 단체로, 현재 네 개의 시설이 운영되고 있다. 갓난아이부터 영유아가 모여 있는 시슈바반, 초등학교 전후의 고아들이 모여 있는 단야단, 정신지체 장애인들이 모여 있는 프렘단, 죽음을 앞둔 이들이 모여 있는 깔리가트.

일주일 이상 봉사할 사람은 봉사자로 정식 등록을 해야 하고, 하루나 이틀 정도 일할 사람은 원데이 패스를 발급받으면 된다. 특히 이 패스로는 시슈바반에만 들어갈 수 있는데, 시슈바반은 여성 봉사자만 받는다.

사랑의 선교회에서 일주일 동안 봉사할 계획을 세운 우리는 어느 시설로 갈지 논의하다가 아무래도 여성 봉사자들만 있는 시슈바반으로 가는 게 좋겠다는 데에 생각을 모았다. 아이들을 좋아하는 엄마가 봉사하기에도 딱이었다.

하지만 막상 시슈바반에 들어서서는 난감했다. 누구도 우리에게 뭘 해라, 이걸 도와달라, 라고 말하지 않아서였다. 앞치마를 두르고 문가에서 두리번거리고 있는데 갑자기 엄마가 움직였다. 옹기종기 모여 있는 아이들에게 다가간 것이다. 엄마는 오랫동안 이곳에서 봉사한 사람처럼 금세 아이들 속에 녹아들었다. 하지만 아이를 키워본 적 없는 나와 이모는 어린아이들과 어떻게 놀아야 할지 몰라 멀뚱거리기만 했다. 그때 수녀님의 목소리가 들렸다.

"네팔리!"

이곳에 네팔 사람도 와 있나 싶어 주위를 둘러보는데 수녀님이 눈짓으로 나와 이모를 가리켰다. 기분이 좀 묘했다. 우리 네팔 사람 아닌데, 라고 항변할까 하다가 어쨌든 뭐라도 빨리 해보자는 생각에 수녀님의 뒤를 따라 옥상으로 올라갔다. 그곳에는 산더미처럼 쌓인 이불보가 있었다.

"두 분은 이 이불 빨래를 널어주세요."

수녀님의 말을 알아듣지 못한 이모가 나를 바라봤다. 오늘의 기온 43도, 습도 80퍼센트. 이런 날씨에 이 많은 이불 빨래를 다 널어야 한다고 말하면 이모는 어떤 반응을 보일까. 이모가 도망이라도 가면 어쩌지. 나는 이런 고민 아닌 고민을 하다가 마음을 다잡고 최대한 침착하게 말했다.

"이모, 이 빨래 다 널어야 한대. 이왕 봉사하기로 한 거 우리 경건한 마음으로, 좋은 마음으로 하자."

이모는 아연한 표정을 지으며 빨래와 나를 번갈아 쳐다보다가 체념하듯 중얼거렸다.

"차라리 애들을 볼걸."

그렇게 우리는 쏟아지는 햇볕을 그대로 맞으며 수백 장의 이불을 널기 시작했다. 경건하고 좋은 마음으로 봉사하자고 한 나도 입에서 단내가 나 죽을 지경이었다. 까딱 정신을 놓았다가는 늙은 이모를 두고 도망칠 것 같아 정신줄을 부여잡고 오로지 노동에만 집중했다. 뜨겁고 힘들고 지치는 긴 시간이 흐른 뒤, 드디어 마지막 이불을 널었다. 힘들었던 만큼 뿌듯함이 밀려왔다.

하지만 그것도 잠시, 왠지 모를 살기가 느껴져 고개를 돌렸더니 잔뜩 화가 난 이모가 나를 쏘아보고 있었다. 그 기세에 놀란 나는 황급히 옥상을 빠져나왔고, 아이들과 놀고 있는 엄마에게 달려가 외쳤다.

"엄마, 우리 오늘은 여기까지 하고 숙소로 돌아가자! 이모가 곧 폭발할 것 같아!"

이모의 성격을 잘 알고 있는 엄마도 서둘러 자리를 털고 일어났다. 그길로 우리는 숙소로 돌아왔고, 이모는 침대에 눕자마자 앓기 시작했다.

"선영아! 이모 다리 연골 안 좋아서 수술했다 아이가! 그러니깐 여행 좀 살살 하자!"

여전히 날이 서 있긴 했지만 아파서 쩔쩔매는 이모를 보고 있자니 아차 싶었다. 이모 스스로 본인이 산을 잘 타는 날다람쥐라고 말하기도 했고, 인도에 와서도 크게 힘들어하는 것 같지 않아서 이모가 아픈 데 없이 건강하다고만 생각했다. 그래서 오히려 이모보다 나이 많은 엄마를 더 챙겼다. 괜한 내 욕심으로 이모를 고생시킨 것 같아 마음이 짠해졌다. 그래서 이모가 정신을 좀 차렸을 때 말했다.

"이모, 힘들었지?"

"니는 와 여기까지 와서 사람을 생고생시키노?"

"원래 캘커타는 봉사하기 위해 머무는 도시야."

"그럼 딴 데를 가야지! 엄마하고 이모한테 묻지도 않고 여길 왔나?"

"이모 원래 봉사하러 많이 다녔잖아. 좋아할 줄 알았지."

"야, 야, 말도 마라. 덥고 무릎도 아프고 널어야 할 이불은 끝도 없고…!"

"이모 아픈 거 몰랐어. 미안해."

"도대체 이게 뭐꼬!"

"미안해."

"니는 진짜로 니 생각만 하나?"

"미안해."

"아까는 내가 아주 그냥 널…!"

"미, 안, 하, 다, 고!"

정말로 이모에게 미안했다. 내 버킷리스트를 실행하려고 이모의 의사나 몸 상태도 묻지 않고 사랑의 선교회로 이끌었으니까. 그런데 이모가 계속해서 몰아붙이니 나도 슬슬 화가 나기 시작했다. 이상하게 이모랑은 늘 이런 식이다. 좋게 시작을 해도 꼭 끝이 안 좋다. 하지만 어쩌겠는가. 이모를 바꿀 수도 없고. 어차피 이길 수 없는 싸움이니 한시라도 빨리 자리를 피하는 게 상책이다.

나는 엄마와 이모를 방에 두고 홀로 호텔 로비로 향했다. 그러면서 스스로에게 최면을 걸었다. 인도 여행을 시작하면서부터 이런 최면을 걸 날이 오겠지, 생각했지만 그날이 이렇게 빨리 올 줄은 몰랐다.

'이 여행은 엄마와 이모를 위한 여행이다. 이 여행은 엄마와 이모를 위한 여행이다. 이 여행은 엄마와 이모를 위한 여

행이다. 참자. 참으면 된다….'

　이 최면 덕분인지 이모가 체념한 덕분인지 천사 같은 아
이들의 웃음 덕분인지… 그 후 6일 동안은 별 탈 없이 봉사
에만 전념할 수 있었다. 다행이다. 우여곡절이 없진 않았지
만 이로써 5년 묵혀둔 버킷리스트는 실행 완료다!

世界一周 청춘버스킹・봉사

엄마의
열혈 기자 본능

여행을 가면 생각지 못했던 나의 성격에 곤혹스러울 때가 있다. 한국에만 콕 박혀 살았다면 절대 몰랐을 나의 성격. 가령 나는 여행지에서 사기를 당하면 방언처럼 한국 욕이 튀어나온다. 사실 이건 이해가 된다. 화가 날 만한 일이니까. 하지만 내가 생각해도 이상한 내 성격은 여행 기간 내내 지나치게 사진에 집착한다는 점이다. 막상 한국에 돌아오면 찍어온 사진이 너무 많아서 정리도 하지 못하면서 말이다.

'앞으로는 사진을 덜 찍고 여행을 즐겨야지'라고 매번 다짐하지만 여행만 가면 카메라를 손에서 놓지 못한다. 도대체 왜 나는 멋지고 이국적인 장면들이 나타나면 눈으로 보고 마음으로 느끼기 전에 사진부터 찍기 시작하는 걸가? 여행에서 돌아올 때마다 매번 이 질문도 따라왔는데, 드디어 이번 여행에서 그 답을 얻을 수 있었다. 엄마를 보니 나랑 똑같잖아!

엄마는 환갑을 바라보는 여느 엄마들과 마찬가지로 똑딱이 카메라도 써본 적이 없다. 고로 카메라 사용법이란 걸 모른다. 하지만 이가 없으면 잇몸이라던가. 엄마는 본인이 조작 가능한 몇 안 되는 기계인 휴대폰의 카메라를 작동시켜 혼신을 다해 인도를 찍고 또 찍었다. 오로지 사진을 찍기 위해 집을 나선 사람처럼. 엄마의 그런 모습이 낯설면서도 익숙했다. 그 모습을 가만히 지켜보다가 생각했다.

'별게 다 유전되는구나.'

엄마는 장인정신을 담아 인도의 거리거리를 찍었다. 이모도 덩달아 장인정신을 발휘했다. 정체불명의 여사 둘이 무엇인가를 심각하게 찍고 있으니 지나가던 외국인 여행자들도 주변을 심각하게 살폈다. 하지만 시선을 끌 만한 그 어떤 것도 발견하지 못한 여행자들은 두 여인의 보호자 겸 동행인으로 추정되는 나에게 이렇게 물었다.

"저분들 무엇을 찍고 있죠?"

그러면 나는 이렇게 답했다.

"별것 아니에요!"

엄마의 사진 집착은 인도에 온 첫날부터 시작됐다. 그날

박귀미 여사는 길을 걷다가 인도 사두(깨달음을 얻기 위해 고행하는 수도승)를 만났다. 여행 첫날이니만큼 사진을 찍어도 되는지 안 되는지에 대해 엄청 고민하는 듯했다. 엄마는 그나마 조언을 구할 수 있는 나에게 물었다.

"저 사람 찍어도 되나?"

"저 사람 왜 찍으려고?"

"말로만 듣던 수행자 아이가?"

"수도승일 수도 있고 그냥 수도승처럼 입고 앉아서 돈만 받는 사람일 수도 있어."

"아무튼 저 사람 찍어도 되나?"

"나는 모르지. 저 사람한테 한번 물어봐."

엄마는 나의 대답에 실망했다. 하지만 포기란 걸 모르는 사람처럼 사두의 주변을 배회하기 시작했고, 결심한 듯 휴대폰 카메라의 초점을 잡았다.

"에라, 모르겠다."

그 말과 함께 엄마의 사진 찍기가 시작됐다. 엄마는 첫 결과물이 별로 만족스럽지 않은지 사두에게 점점 더 다가갔다. '당신의 사진이 만족스럽지 않다면 충분히 다가가지 않은 것이다'라는 모 카메라 광고 카피가 생각나 혼자 피식대고 있는데, 아뿔싸! 엄마가 사두의 코앞까지 다가갔다. 그리고 내가 제지할 틈도 없이 사두에게 휴대폰 카메라를 들이밀었다.

다행히 사두는 기분이 상한 것 같지 않았고 의외로 그 상황을 즐기며 엄마를 향해 근엄한 자세까지 취해주었다.

수차례 사진을 찍던 엄마가 사진 찍기를 멈췄다. 드디어 만족스러운 결과물을 얻은 것이다. 엄마는 사두에게도 자신의 작품을 보여주었다. 사두 역시 본인의 사진에 만족하며 엄지를 치켜들었다. 둘은 한동안 사진을 보며 깔깔거렸다.

엄마는 내친김에 서더스트리트 초입에서 손님을 기다리고 있던 인력거꾼에게도 다가갔다. 물론 사두를 찍을 때처럼 머뭇대면서. 이번에 엄마가 선택한 방법은 다른 곳을 찍는 척하면서 인력거꾼 찍기. 하지만 엄마는 금세 과감해졌다. 인력거꾼이 제지하지 않자 대놓고 그를 찍기 시작한 것이다. 이런 말까지 하면서.

"자세가 마음에 안 드는데 좀 바꿔보이소."

정말 황당한 건 인력거꾼이 마치 박귀미 여사의 말을 알아들었다는 듯 자세를 바꾸어주었다는 것이다. 엄마는 만족스러운 결과물을 얻었다는 듯 찍은 사진을 돌려보며 아이처럼 좋아했다.

여행을 떠나온 지 며칠. 이제 엄마는 낮에 찍은 사진을 내 컴퓨터에 옮긴 뒤 나와 이모에게 그 사진들을 보여주며 설명하는 일로 하루를 마감한다. 당연히 나와 이모도 엄마의 사진을 보는 것으로 하루를 마무리한다. 비록 휴대폰으로

찍은 사진이지만 컴퓨터에 옮겨 찬찬히 살펴보면 꽤 멋진 것들이 많다. 나와 이모가 "사진 진짜 멋지다!"라고 말하면 엄마는 어깨를 으쓱하는 것으로 대답을 대신한다.

사실 나는 엄마에 대해 잘 모르고 있었는지도 모르겠다. 나는 항상 엄마는 엄마라고만 생각했다. 엄마가 무엇을 좋아하는지, 무엇을 싫어하는지에 대해 단 한 번도 진지하게 생각해본 적이 없다.

길을 가다가 신기한 것을 만나면 휴대폰 카메라를 드는 엄마.

영어는 못하지만 인도인에게 나보다 더 다정하게 말을 거는 엄마.

맛이나 보라며 사다준 망고를 맛있게 먹는 엄마.

창밖에 있는 물건들을 자세히 관찰하는 엄마.

나는 이번 여행이 '엄마와 딸'의 여행일 뿐만 아니라 '58세, 박귀미 씨'의 새로운 면을 발견하는 여행이 되었으면 한다.

딸과
엄마

대학에 들어가면서부터 자취를 시작했으니 엄마와 며칠 내내, 그것도 24시간 붙어 있는 건 십수 년 만에 처음이다. 그래선지 새롭게 알아가는 엄마의 모습에 마냥 즐겁다가도 문득문득 엄마에게 미안했던 일들이 떠올랐다. 어려서, 철이 없어서, 못된 딸이라서… 라는 변명을 하고 싶은 그런 일들 말이다. 여전히 사진 찍기에 몰두하고 있는 엄마의 행색을 훑어보다가 문득 고등학교 때의 일이 떠올랐다.

내가 다니던 고등학교는 부모님들이 자녀의 수업을 참관할 수 있도록 공개수업을 진행했다. 나는 엄마에게 따로 언질을 주지 않아서 엄마가 올 거라고는 생각도 하지 않았는데, 공개수업이 시작된 지 얼마 되지 않아 말끔하게 차려입은 다른 아이들의 부모님들 사이로 엄마가 들어섰다. 순간 엄청 반가웠다. 하지만 그런 마음도 잠시, 일하다가 바로 뛰어온 듯 추레한 옷차림에, 머리도 헝클어져 있고, 화장도 하지 않은 엄마의 모습에 얼굴이 달아올랐다. 그때 나는 엄마의 그런 모습이 학교에서 일하는 청소 아주머니 같다는 생각을 했던 것 같다.

아이들은 제 엄마나 아빠를 향해 손을 흔들거나 눈을 찡긋댔지만 나는 아무것도 할 수 없었다. 엄마가 나를 발견하고 반갑다는 듯 손을 흔들려는 찰나, 나는 고개를 돌리고 말았다. 그때 나는 수업이 끝난 후 엄마를 어떻게 친구들에게 소개해야 하나, 라는 생각으로 머리가 터질 지경이었다. 하지만 수업이 끝났을 때 엄마는 교실에 없었다.

그 후 엄마는 대학 진학 상담에도 오지 않았고, 졸업식 때 아주 잠깐 얼굴을 비춘 것 외에는 대학교 입학식, 졸업식에도 얼굴을 내밀지 않았다. 하물며 하나밖에 없는 딸이 사는 대학교 기숙사에도 온 적이 없다. 나는 한동안 '엄마는 바쁘니까' '다른 아이들 엄마보다 덜 상냥하니까' '워낙 성격이 무덤덤하니까' '이게 우리 집 스타일이니까'라고 생각했다.

인도로 첫 배낭여행을 온 지금의 엄마 행색도 그때와 별

반 다르지 않다. 여행에 최적화된 약간은 추레한 옷차림, 땀에 젖어 헝클어진 머리카락, 화장기 없는 얼굴. 이 모습을 창피함 없이 받아들이고 있는 지금, 그때 엄마가 내게 건넨 인사에 나도 밝은 얼굴로 화답했으면 어땠을까 생각해본다.

자식은 철이 너무 늦게 든다던데, 내가 철들기 전에 엄마가 너무 늙지 않았으면 좋겠다. 이렇게 계속 함께 여행 다닐 수 있으면 더 좋고.

꽃 대신,

닭

새벽 6시. 부스럭거리는 소리에 잠이 깼다. 여행을 와서 새벽 6시에 일어나다니! 이건 정말 비극이다. 여행을 왔으면 자고 싶을 때 자고, 일어나고 싶을 때 일어나는 게 제맛인데! 하지만 여사님들은 새벽잠이 없었다. 나는 시계를 확인한 뒤 소리가 나는 쪽으로 고개를 돌렸다. 그런데 눈앞에 펼쳐진 광경이 가관이었다. 엄마는 매트리스에 인도 돈을 좍 펼쳐놓고 있었고 이모는 그 옆에서 돈 구경을 하고 있었다.

"엄마 뭐해?"

"돈 전부 펼쳐놓고 사진 찍으려고."

"이젠 돈까지 찍는 거야?"

"재밌잖아."

돈을 이리 찍고 저리 찍던 엄마가 갑자기 주섬주섬 돈을 챙겨 주머니에 넣었다.

"내 당장 이 돈을 써야겠다."

이건 또 무슨 소릴까.

"엄마, 이 새벽에 어디 가서 그 돈을 쓰려고?"

"글쎄다. 어디 좋은 데 아나?"

나는 이 상황을 잠시 곱씹다가 '그래, 인도에서라도 쓰고 싶은 돈 맘껏 써봐'라는 심정으로 답했다.

"예전에 근처에 꽃 시장이 섰던 것 같은데."

내 말에 각종 야생화와 풀, 나무라면 사족을 못 쓰는 엄마의 눈이 반짝 빛났다. 정신을 차려보니 나는 엄마에게 등을 떠밀려 동도 트지 않은 거리에 나와 있었다. 나는 5년 전 기억을 더듬어 꽃 시장이 있을 거라 생각되는 곳으로 발길을 옮겼다.

"야, 야, 저거 봐라."

뒤따라오던 이모가 달리는 자전거에 거꾸로 매달려 있는 닭들을 보며 소리쳤다. 신기하게도 닭을 매달고 달리는 자전거가 한두 대가 아니었다. 나는 왜 이렇게 닭들이 많을까 생각하며 꽃 시장이라 생각되는 곳으로 여사님들을 이끌었다.

그런데 아니나 다를까, 도착한 곳은 꽃 시장이 아니라 닭 시장이었다. 꽃은커녕 수천 마리의 닭들만 푸드덕거리고

있었던 것이다. 이 황당한 풍경 앞에서 엄마와 이모가 이구동성으로 외쳤다.

"닭은 필요 없고, 꽃은 어데 있노?"

뭐라 대답해야 하나, 길을 잘못 들었나, 꽃 시장이 있긴 있었나… 별의별 생각을 다 하고 있는데 다행히 엄마와 이모가 이리저리 자리를 옮기며 닭들을 구경하기 시작했다. 물론 엄마의 열혈 기자 본능도 발동했고. 나도 그들 뒤를 슬슬 따르며 사진 찍는 엄마도 구경하고, 이모도 구경하고, 닭들도 구경했다. 그러다 엄마에게 외쳤다.

"엄마, 나도 좀 찍어줘."

엄마가 휙 돌아보더니 '찍을 게 산더미인데 너까지 찍어야 하나'라는 표정으로 아주 무심하게 사진 몇 컷을 찍었다. 그러고는 이내 돌아서서 원래 찍던 피사체들에게 자신의 열정을 쏟았다. 아, 시크한 우리 엄마.

그날 밤, 엄마가 찍은 사진을 컴퓨터에 옮긴 뒤 나는 닭 시장에서의 내 사진부터 찾았다. 분명 엄마가 엄청 성의 없이 찍은 컷이었는데 구도와 내용이 명작이었다.

"엄마, 이 사진 정말 잘 찍었네!"

내가 사진을 돌려보며 말하자 엄마가 무심하게 답했다. 이 말이 또 명언이었다.

"닭 시장에서 꽃 사진 하나 건졌다 아이가."

✦

유적지를 대하는
두 여사의 자세

〰〰〰〰〰　　내가 아무것도 하지 않는 여행을 좋
아하는 것과 달리 이모는 무엇이든 다 봐야 한다는 입장이
다. 여행 전 이모는 나에게 전화를 걸어 이것저것 꼼꼼하게
물었다.

"선영아, 처음 가는 도시가 어데가?"

"캘커타."

내 대답을 들은 이모는 '캘커타'라는 도시에 대한 각종 조
사를 마친 뒤 다시 전화했다.

"선영아, 캘커타에서 우리 뭐 보는데?"

"엄마랑 이모 보고 싶은 거."

"거긴 뭐가 유명한데?"

"해산물 커리."

"그런 거 말고 관광지 말이다."

"빅토리아 메모리얼."

"그것만 보나?"

"이모, 뭐가 보고 싶은데? 이모 보고 싶은 거 본다니깐."

하지만 여행을 시작한 후 '이모 보고 싶은 거 볼 거다'라는 나의 발언이 실수였다는 걸 깨달았다. 이모는 '이모 보고 싶은 거 본다'라는 나의 말을 곧이곧대로 믿고 가이드북에 수십 개의 별표를 쳐 왔다. 그러고는 당당하게 말했다.

"이곳에 전부 가야 한다."

이모가 건넨 가이드북에는 유명 관광지부터 캘커타에 100년 산 현지인도 가보지 않았을 것 같은 개미 새끼 쥐똥만 한 사원에까지 별표가 붙어 있었다. 게다가 가이드북에 수록된 관광지로는 성이 안 찼는지 포스트잇에 새로 조사한 관광지까지 적어놓았다. 이건 인도 어딘가에 보물이 있다는 확신을 가진 인디아나 존스가 도굴을 위해 준비해온 책자라 해도 믿을 정도였다.

"여길 어떻게 다 가? 이모, 한국에 있는 유적지를 이만큼 보긴 했어?"

"내가 여길 또 언제 온다고! 이번이 마지막이니깐 다 봐야지!"

이모는 여행을 시작하면서부터 계속 이번이 죽기 전 마

지막 인도 여행이라며 볼 수 있는 건 최대한 다 봐야 한다고 주장했다. 이모의 저런 열정이면 죽기 전에 열 번은 더 인도에 올 수 있을 것 같은데 말이다.

그리하여 오늘 우리가 방문한 곳은 빅토리아 메모리얼. 물론 이곳을 본 뒤 인디언 박물관이란 곳에 갔다가 이름도 기억할 수 없는 구멍가게만 한 사원에도 가야 한다.

빅토리아 메모리얼은 캘커타 여행자들이 1순위로 봐야 할 유적지로 꼽힌다. 이곳은 영국이 인도를 식민 지배하던 시절의 여왕이던 '빅토리아 여왕'의 죽음을 기리고자 세운 건축물로, 현재는 박물관으로 꾸며져 있다. 건축 당시 타지마할보다 멋진 건물을 짓겠다고 선포했기에 세계 각국에서 이름 좀 날린다는 건축가들이 대거 동원되었다. 뭐, 타지마할보다 더 나은 건축물인지는 개개인의 판단에 맡겨야겠지만 타지마할보다 덜 유명한 것만은 확실하다.

이모는 캘커타에 들어서는 순간부터 빅토리아 메모리얼에 가자고 노래를 불렀다. 하지만 정작 이곳에 도착해서는 더위에 지쳐 의자만 찾았다. 그러다가 나무 그늘이 드리워진 의자를 발견하고는 신나서 그곳으로 달려가 앉았다.

"이모, 박물관에 안 들어가?"

"더우니까 박물관엔 가지 말자."

이 무슨 황당한 소린가. 나는 이미 빅토리아 메모리얼을 봤다. 그것도 세 번이나. 그러니까 이번이 네 번째다. 이곳에 다시 온 이유는 내가 뭔가를 더 보고 싶어서가 아니라 순전히 이모의 관광 때문이다. 엄마는 이곳에 별로 오고 싶어 하지도 않았다. 그런데 여기까지 와서 더우니까 박물관은 패스하자니, 이게 말이나 되는 건지.

"아니, 여기까지 와서 박물관에 왜 안 들어가?"

내가 목소리를 좀 높이자 이모도 지지 않고 어깃장을 놓았다.

"그럼 나 혼자 여기 있을 테니 둘이 박물관에 갔다 오던지!"

죽기 전에 유적지란 유적지는 다 봐야 한다는 양반이 이분 아니었나?

"그럼 이따가 인디언 박물관에는 갈 거야?"

"당연히 가야지."

"이 유명한 데도 안 가면서 거긴 왜 가자고 하는데?"

"그건 볼 끼다. 여긴 에어컨이 없어서 안 보는 기다."

"거기도 에어컨 없어."

"여긴 밖에 있는 건물이 중요하고, 거긴 안에 있는 유물이 중요하니깐 그런 기다."

말씀 참 청산유수다.

"그럼 나랑 엄마는 여기 안 봐도 되니깐 그 박물관으로 가자."

"아니다. 너는 봐라. 너는 앞으로 살아갈 날이 많으니 많이 봐야지."

"난 봤다니깐. 안 봐도 된다니깐."

"한 번 보고 어째 다 봤다고 하는데. 두 번 세 번 봐야 기억에 남지."

"그럼 이모는 한 번도 안 봤으니까 같이 들어가자."

"난 더우니 안 들어갈란다."

순간 나는 이모를 특급 EMS 소포로 한국에 부쳐버리고 싶은 충동을 느꼈다. 아무리 노력해도 이모의 정신세계를 이해할 수가 없다.

이런 이모에 반해 엄마는 아무 곳이나 다 좋다는 식이다. 하지만 막상 유적지나 관광 명소에 가면 적극적으로 돌아다닌다. 꽃은 또 얼마나 좋아하는지, 꽃만 나오면 사진을 찍으며 꽃 설명을 하느라 바쁘다. 작은 박물관의 유물들도 꼼꼼히 살펴보다가 흥미로운 걸 발견하면 나를 불러 설명해달라고 한다. 건물의 모양과 기둥, 조각품 등 무엇 하나 가벼이 여기지 않고 하나하나 눈에 담으려는 듯 말이다.

나는 이 상반된 자매를 이끌고(안 일어나겠다는 이모를 억지로 일으키고 꽃구경에 빠진 엄마를 재촉해) 박물관 안으로 어렵게 들어갔다. 등 뒤에서 이모가 계속 구시렁거렸다. 자세히 들으면 기분이 상할 것 같아 다른 데로 정신을 돌렸지만 분명 내 욕일 게 뻔해서 기분이 계속 가라앉았다.

억지로 박물관에 들어온 이모는 눈에 보이는 의자마다 엉덩이를 붙이고 앉았다. 그런 이모가 좀 답답했는지 엄마가 물었다.

"니는 의자에 앉아만 있고 구경은 안 할 끼가?"

"이렇게 앉아서도 그림이랑 꽃병이랑 잘 보이는구만."

그렇게 이모는 박물관 의자를 옮겨 다니며 의자 근처에 전시된 유물들을 관람하는 새로운 개념의 박물관 관람법을 보여줬고, 예전부터 박물관을 좋아했던 엄마는 우리나라와는 다른 옛 물건을 흥미롭게 살펴보며 곳곳에 붙어 있는 설명을 해석해달라고 했다. 달라도 너무 다른 자매다.

빅토리아 메모리얼을 샅샅이 구경하며 건물과 유물의 아름다움에 감동한 엄마가 관람을 마친 후 이렇게 말했다.

"딸아, 여기 참 좋구나. 데려와줘서 고마워."

나는 엄마의 이 말에 코끝이 찡해졌다.

'여긴 정말 별것 아닌데. 내가 봤던 세상에는 더 멋지고 좋은 것들이 많은데. 그곳에는 늘 엄마가 빠져 있었구나.'

고작 빅토리아 메모리얼 정도에 넋 나간 듯 감탄하는 엄마에게 또 한 번 미안해졌다. 그런데 그러한 감동도 잠시, 이모가 산통을 다 깨버렸다.

"여기 너무 덥다. 헛소리 말고 얼른 다음 장소로 가자."

엄마와
옷

오늘은 엄마를 위해 '바바'라는 옷 가게를 찾았다. 퀘스트 몰이라는, 백화점급의 깔끔한 공간에 입점해 있는 꽤 고급 의류 브랜드다.

"엄마, 사고 싶은 거 다 사!"

이 말은 진심이었다. 나는 어릴 적부터 엄마가 뭘 사는 걸 본 적이 없다. 물론 집이 망하기 전에는 백화점에 자주 갔었다. 박귀미 여사의 말로는 본인이 백화점 VVIP였다나. 그게 사실이든 아니든, 우리 집은 그 뒤로 오랫동안 가난했기 때문에 나는 엄마가 뭘 사는 걸 본 적이 없다. 특히 옷이나 신발 같은, 본인을 꾸밀 수 있는 물건들 말이다. 어린 나는 그저 엄마가 옷이나 장신구를 별로 좋아하지 않는다고만 생각했다. 정말 바보같이.

아마 고등학생 때였을 것이다. 나를 백화점에 데려가 옷을 사준 엄마가 처음으로 3층 여성복 매장(내 기억이 맞다면 '랄프 로렌 우먼'이었다.)으로 들어갔다. 며칠 후 모임이 있는데 입을 만한 옷이 없다는 말을 했던 것도 같다. 그때 나는 옷을 고르고, 입어보고, 거울을 보며 사이즈를 가늠하는 낯선 엄마의 모습을 넋 놓고 쳐다보았다.

한참 후, 엄마는 드디어 마음에 꼭 드는 옷을 찾았다. 하지만 가격표를 보더니 그 옷을 그냥 직원에게 돌려주었다. 그 옷은 40만 원이었다. 빈손으로 매장을 나서던 엄마의 뒷모습이 눈에 선하다. 이게 내가 가지고 있는 엄마와 옷에 관련된 유일한 에피소드다.

어렸을 때는 왜 그리 가난했을까. 엄마는 왜 그렇게 사고 싶은 것 하나 못 사고 쩔쩔맸을까. 그런 엄마의 모습이 어린 나에게는 좀 상처가 되기도 했다. 그런데 지금 생각해보면 가장 상처 받았던 사람은 바로 엄마 자신이었을 것이다.

바바에 들어선 엄마는 역시나 주눅 들어 보였다. 한국 백화점에 갔을 때처럼 조금 경직되어 보인다고 해야 할까. 하지만 슬쩍 가격표를 들춰 보더니 이내 표정이 밝아졌다. 인도 고급 백화점에 입점한 브랜드의 옷 가격이 고작 5, 6천 원 정도였기 때문이다.

곧 처음으로 보는 광경이 펼쳐졌다. 엄마가 점원을 불러

사이즈를 주문했고, 색을 바꿀 수 없냐고 물었으며, 피팅도 했던 것이다.

엄마는 쇼핑하는 걸 싫어하는 사람이 아니었다. 내가 엄마를 너무 몰랐다. 이 얼마나 이기적이고 나쁜 딸인가. 그렇게 새로운 것, 새로운 곳, 새로운 음식을 찾아다니면서 세상에서 제일 잘해주는 엄마에 대해서는 제대로 알려고 하지도 않았으니 말이다. 이번 인도 여행에서 엄마의 새로운 모습을 볼 때마다 죄책감이 쓰나미처럼 밀려온다.

엄마가 쇼핑을 끝낼 생각을 하지 않아서 이모가 화를 내면 어쩌나 했는데, 이번엔 내 생각이 완전 틀렸다.

"언니가 저렇게 쇼핑하는 거 보기 좋다. 우리 그냥 입 꽉 다물고 있자."

✦

기상천외한
기차역

인도의 인구는 13억에 가깝다. 인구
수로 세계 1위인 중국의 인구가 거의 14억이다. 하지만 중
국은 오래전부터 실시한 '산아제한정책'의 영향으로 최근
엔 인구가 감소하는 추세라고 한다. 하지만 인도에 '산아제
한'이란 건 존재하지 않는다. 열 명이고 스무 명이고 힘이
닿을 때까지 아이를 낳는다. 인도 시골에 가면 열 명 넘는
형제자매도 심심찮게 볼 수 있는데, 이는 아직도 머릿수가
집안의 노동력으로 계산되기 때문이다. 그러니까 결론은…
인도의 인구가 곧 중국의 인구를 넘어서서 세계 1위가 될
거라는 것이다.

인도의 13억 인구가 녹아드는 광란의 용광로를 가장 실
감나게 체험할 수 있는 곳이 바로 기차역이다. 인도의 기차

역을 처음 본 외국인들은 누구나 이렇게 말한다.

"오, 마이, 갓!"

기차역 바닥을 가득 메운 채 잠을 자고 있는 수많은 사람들 때문이다. 그냥 보기에는 대규모로 집합한 거지들 혹은 노숙자들 같다. 하지만 그들도 엄연히 기차를 기다리는 승객들이다. 재밌는 건 그들 대부분이 기차를 타기 하루 전에 기차역에 온다는 사실이다. 도대체 멀쩡한 집 놔두고 왜 차가운 기차역 바닥에 누워 하루를 보내는지 궁금해 슬쩍 물어본 적이 있다.

"기차역에서 왜 잠을 자요? 집에서 자면 안 돼요?"

"기차를 놓칠까 봐 미리 와 있는 거야."

"그래도 하루 전에 오는 건 너무 이르지 않아요? 시간 맞춰서 나오면 되잖아요."

"말하자면 복잡해. 아무튼 하루 전에 와서 기다려야 안심이 된다고."

도대체 그 복잡한 사정이란 게 뭘까? 이들은 왜 이러는 것일까…?

부산에서 서울. 내가 사는 대한민국의 끝과 끝을 상징하는 도시 간 이동 시간은 버스로 4시간 30분, 기차로 2시간 30분.

레에서 깐나꾸마리. 인도의 끝과 끝을 상징하는 도시 간

이동 시간은? 간다도 모른다. 일단 레에서 깐냐꾸마리까지 가려면 최소 두 개 이상의 교통수단을 이용해 갈아타기를 반복해야 한다. 게다가 북쪽에 위치한 '레'라는 도시를 버스로 갈 수 있는 건 1년에 약 50일 정도. 그러니까 두 도시를 몇 시간 안에 갈 수 있는지 계산하는 건 불가능하다.

이렇게 비상식적인 땅덩이를 가진 인도인과 한국인의 생각을 비교하는 것도 불가능. 그래, 인도인들의 생각을 다 이해하려는 것도 이곳에서는 사치다.

인도 기차역에는 개별 승객도 많지만 가족 단위의 승객들도 엄청나다. 그런데 이들과 한 공간을 쓰게 되면 아주 곤란해진다. 가족이 몇 명이든 두세 명만 표를 사기 때문에 두세 개의 침대에 다들 겹쳐 자다가 결국에는 다른 이의 침대에까지 머리를 들이밀며 재워달라고 하기 때문이다.

나도 아주 불쌍한 눈빛을 보내는 아줌마에게 자리를 조금 내어준 적이 있는데 결국 내 침대에서 나와 아줌마, 아줌마의 아들까지 함께 잤다. 아주아주 좁디좁은 1인용 침대에서 말이다.

기차역에서 표를 살 때도 곤란한 일이 일어난다. 바로 무자비한 새치기. 똑바로 선 줄에 한두 명이 새치기를 시작하면 그때부터 줄이 없어진다. 힘센 놈이 대장이다. 그래서 나는 인도 기차역을 찾을 때마다 늘 긴장해야 했다.

하지만 한국에 돌아오면 이상하게 인도의 축소판과도 같은 기차역이 그리웠다. 그때의 냄새, 그때의 기분, 그때의 분위기. 그 모든 것이 하나도 잊히지 않고 떠올랐다. 바닥에 자리를 깔고 누운 인도인들과 새치기를 하는 사람들, 특유의 걸쭉한 냄새와 더러운 화장실, 소리 지르는 사람들과 번잡하게 돌아가는 출발과 도착 알림판. 어느 것 하나 제대로 처리되지 않고 매일같이 황당한 일만 벌어지던 시트콤 같은 곳. 하지만 그들만의 느긋한 리그가 분명 존재하는 곳.

그 기차역에 엄마, 이모와 함께 왔다. 캘커타에서 두 번째 여행지인 바라나시로 이동하기 위해. 오늘은 기차역에 대한 새로운 추억도 생겼다. 기차역 소음과 어우러진 엄마의 나지막한 목소리 말이다.

"캘커타에서 참 많은 것을 봤어. 살면서 봤던 것보다 더 많은 것을 본 것 같아."

PART 2

그래도 함께여서
다행이야

깡패
아줌마

우리가 탄 기차는 2A등급. 내가 이제껏 탔던 인도의 기차 중 가장 높은 등급이다. 에어컨도 있고, 이불과 베개도 제공되고, 차장도 있어 잡상인 출입이 어렵다. 이건 정말 내 인도 여행의 획을 긋는 기차다.

사실 대부분의 인도 여행자들은 침대칸 마지막 등급인 SL등급을 탄다. 에어컨은 당연히 없다. 창문은 닫을 수도 없어서 더운 바람, 먼지바람, 소똥 냄새가 그대로 들어온다. 게다가 빈대와 바퀴벌레, 쥐는 옵션이다. 차장이 있어도 아무나 객실로 들어올 수 있다. 당연히 도난의 위험이 크다. 그럼에도 이 등급을 타는 이유는 하나다. 저렴해서. 여행자에게 저렴하다는 건 참을 수 없는 유혹 아닌가.

드디어 2A등급 기차 안으로 들어갔다. 정말 SL등급에 비하면 쾌적하기 이를 데 없었다. 표를 확인하니 나와 엄마는 위층 침대, 이모는 아래층 침대다. 위쪽 침대 사용자라도 밥을 먹을 때는 아래층 침대를 쓰는 게 무언의 약속이다.

우리 객실칸에 들어서니 비싼 사리를 입은 인도 아줌마가 먼저 와 있었다. 그런데 좀 이상했다. 우리가 들어서자마자 아줌마는 이유도 없이 인상을 구겼다. 뭐, 안 좋은 일이 있나 보다, 라고 생각하며 아줌마 옆 침대와 위층 침대에 짐을 놓기 시작하는데 갑자기 아줌마가 빽 소리를 질렀다.

"불가촉천민 꺼져!"

내가 잘못 들은 걸까. 나는 아줌마를 향해 고개를 돌렸다. 그러자 아줌마가 확인이라도 시켜주는 듯 더 크게 소리쳤다.

"불가촉천민 꺼져!"

그 말에 화가 머리끝까지 난 나도 아줌마를 향해 소리쳤다.

"아줌마, 지금 뭐라고 했어요? 다시 한 번 말해봐요!"

그러자 아줌마가 내 멱살을 잡았다.

"불가촉천민 꺼져! 너네랑 같이 잘 수 없어!"

나는 나뿐 아니라 엄마와 이모에게까지 불가촉천민이란 몹쓸 단어를 내뱉었다는 사실에 이성을 상실했다. 어쩔 수 없었다. 나도 그 아줌마의 멱살을 잡았다.

"이 예의도 모르는 아줌마야, 내가 그렇게 만만해 보여?"

놀란 엄마와 이모, 그리고 같은 칸에 타고 있던 현지인들이 몰려와 나와 아줌마를 떼어놓았다. 우리는 씩씩대며 서로를 노려보았다. 구경꾼들은 우리 둘에게 반씩 달라붙어 "네가 참아라."라며 화해를 유도했다.

나는 이쯤에서 일이 해결된 거겠지 싶어 내 침대에 짐을 푼 뒤 아래층 침대로 다시 내려왔다. 밥을 먹기 위해. 그런데 아줌마가 또다시 내 멱살을 잡았다. 도대체 이 아줌마는 어디서 뭘 봤기에 이렇게 다짜고짜 멱살부터 잡는 걸까.

"불가촉천민! 내 자리에 앉지 마!"

내가 자신의 위쪽 침대를 사용하기는 해도 절대로 자기 자리에는 앉지 말라는 것이었다. 그 말에 또다시 이성을 잃은 나도 아줌마의 멱살을 잡았다.

"이 아줌마야! 내가 위쪽을 쓰면 밥 먹을 때 아래쪽에 앉아도 되는 거 몰라?"

엄마와 이모의 얼굴은 이미 새하얗게 질려 있었다. 불가촉천민으로 추정되는 동양인 여자가 자신의 멱살을 잡은 것이 분했던지, 아줌마는 내 볼과 팔을 꼬집으며 위로 올라가라고 미친 사람처럼 소리를 질렀다.

"그래, 미친 아줌마야, 알았어! 소원대로 올라가줄게!"

나는 내 침대로 올라가 밥을 먹는 아줌마의 얼굴 쪽으로 발을 내렸다. 참고로 인도 사람은 발을 가장 더러운 부위라고 생각한다.

동방예의지국에서 온 박귀미 씨의 딸인 나 윤선영, 지금

의 이 행동이 몹시 '추태'라는 거 안다. 어글리 코리언의 모
습을 보이는 것에 대해 깊은 유감도 느낀다. 하지만 불가촉
천민은 꺼지라며 고함을 치고, 심지어 멱살을 잡고 꼬집기
까지 한 인도 아줌마를 그냥 무시하는 게 맞는 걸까?

아줌마는 본인 시야에 내 발이 왔다 갔다 하자 심하게 날
뛰기 시작했다. 하지만 위쪽은 온전한 내 자리였다. 게다가
본인이 날더러 위로 올라가라며 고래고래 소리치지 않았
나. 왔다 갔다 하는 내 발을 더 이상 못 참겠는지 아줌마가
내 발을 낚아채서 비틀기 시작했다. 나는 이때다 싶어 침대
에서 내려와 소리쳤다.

"이 아줌마가 날 때려요! 경찰 불러줘요!"

사태가 심각해지자 같은 칸에 있던 모든 사람들이 우리 주위로 몰려왔다. 다섯 번의 인도 여행. 나는 이럴 때 어떻게 행동해야 하는지 정확하게 알고 있다.

우선 나는 눈물을 글썽였고, 이렇게 말하기 시작했다.

"난 인도를 다섯 번 여행했어. 왜냐면 인도를 너무너무 사랑하거든(이때 여권을 보여주며 진짜 다섯 번 여행했다고 증명해 줘야 한다). 그런데 이번 일은 정말 실망이야. 내가 인도를 사랑하는 마음을 이 아줌마가 다 망쳐놨어. 인도를 사랑했던 걸 지금 정말 후회해. 앞으로는 인도를 나쁜 나라라고 생각할 거야. 바로 이. 아. 줌. 마. 때. 문. 에!"

마무리는 역시 눈물 한 방울이 최고!

감성적인 인도 사람들이 내 말에 집중하더니 그 아줌마에게 "사과해!"라고 말했다. 어떤 사람은 내 앞에서 귀를 잡으며(우리나라에서 잘못했을 때 무릎을 꿇는 것과 똑같은 의미다.) 자신이 아줌마 대신 사과하겠다고 했다. 또 어떤 사람은 "다섯 손가락은 모두 같지 않아(인도인들이 다 이 아줌마같지는 않다는 얘기다). 내가 사과할게. 정말 미안해."라고 말했다. 심지어 어떤 사람은 자리를 바꿔주겠다고까지 했다.

사태가 이쯤 되니, 나도 아줌마도 더 이상 소란을 피우며 싸울 수가 없었다. 그럴 마음도 사라졌다. 가슴을 졸이며 이 상황을 지켜보던 엄마와 이모는 끼니도 거른 채 그냥 침대에 누워버렸다.

　밤은 깊어갔고, 그 인도 아줌마도 이내 잠이 들었다. 기차 안에서 먹으려고 사 온 자몽과 바나나, 과자를 한 번 꺼내보지도 못한 채 배고픈 밤이 지나갔다.

◆

　아침 해가 밝았다. 느지막이 일어난 내 눈앞에 놀라운 광경이 펼쳐졌다. 엄마와 깡패 아줌마가 같은 침대에 앉아 웃으며 바나나를 까먹고 있는 게 아닌가!

　"엄마, 지금 뭐하는 거야?"

　"선영아, 괜찮다. 내려와서 앉아도 된다."

　"도대체 무슨 일이 있었던 거야?"

　엄마는 당황하는 나에게 새벽에 있었던 일을 말해주었다.

　엄마가 새벽 6시쯤 일어나니 이모와 내가 계속 자고 있더란다. 심심해서 동영상을 찍으며 놀다가 물티슈를 꺼냈는데, 인도 아줌마가 그걸 쳐다보고 있었고, 엄마는 그 아줌마에게 물티슈 한 장을 내밀었다. 그런데 이 인도 아줌마, 참배알도 좋지, 불가촉천민 어쩌고저쩌고 할 때는 언제고 그 물티슈를 냉큼 받아 엄마랑 똑같이 얼굴과 손을 쓱쓱 닦더란다. 고마운지 아줌마가 엄마에게 사탕 하나를 쓱 내밀었고, 엄마도 그걸 받아먹었다. 그러고는 어제 시장에서 사 온

자몽을 까서 둘이 나눠 먹었단다. 말은 안 통하지만 엄마는
본인 가방 안에 있는 한국 물건들을 보여주었고, 인도 아줌
마도 자기 가방 안에 있는 인도 물건들을 보여주며 시간을
보냈다는 게 엄마의 설명이다.

내가 실눈을 뜨고 있자 옆에 앉아 있던 아줌마가 싱긋 웃
었다. 도대체 이 상황은 뭐지? 내가 아직 싸우는 법밖에 모
르는 여행 초짜라면 엄마는 화해하는 법까지 아는 여행 고
수였단 말인가? 내가 혼란스러워하자 아줌마가 상냥하게
말했다.

"어젠 미안했어. 나는 네가 네팔 사람인 줄 알았어. 이제
내 옆에 앉아도 돼."

세상에! 오, 마이, 갓이다. 네팔 사람한테는 그렇게 해도
된다는 건가? 나는 뭔가 톡 쏘는 한마디를 하려다 엄마를

봐서 꾹 참았다.

"나도… 미안했어요. 그런데 지금은 내가 어느 나라 사람이라고 생각하세요?"

"티벳. 티벳 사람."

다시 한 번 오, 마이, 갓이다.

아무튼 엄마와 아줌마는 서로 연락처까지 주고받았고, 헤어질 때는 한술 더 떠서 "바라나시 우리 집에 꼭 와라." "부산 우리 집에 꼭 와라." 하며 서로를 부둥켜안은 채 이별을 아쉬워했다. 이 아줌마와 멱살잡이를 했던 나는 그 장면이 참으로 어처구니없었지만.

참 별의별 일이 다 일어나는 게 인도의 기차 안이다.

바라나시,

기억

〰〰〰〰〰   기차에서 내리자 소음과 매연, 소와 닭, 염소와 사람들이 우리를 맞는다. 8년 전, 나는 인도 일주를 계획했다가 결국 이곳에 발목이 잡혀 두 달을 지냈다. 사랑해 마지않아 열사병도 앓았던 바라나시. 그중에서도 내가 가장 좋아했던 곳은 '뱅갈리토라'라 불리는 여행자 골목이다. 그곳에서는 수많은 사람들이 저마다의 방식으로 시간을 보낸다. 길거리에 엎드려 잠을 자거나, 자신을 바라보는 소와 눈싸움을 하거나, 장사하는 가게 앞에 엉덩이를 대고 앉아 한 시간이고 열 시간이고 가만히 앉아 있거나… 상상할 수 있는 가장 이상한 짓을 해도 무엇 하나 이상할 게 없는 곳, 누구도 바쁘게 움직이지 않는 곳, 혹여 분주하게 움직인다 해도 전혀 바빠 보이지 않는 곳, 그곳이 바로 뱅갈

리토라다. 그 멋진 곳에 드디어 엄마와 오게 되다니!

빵! 빵! 빵! 빵! 빵!

귀가 터질 듯한 클랙슨 소리에 정신이 번쩍 들었다. 두피
가 벗겨질 것처럼 더웠다. 인도인들이 일제히 우리를 주시
했다. '아, 다시 바라나시로 돌아왔구나'라는 게 실감나는
순간!
　바라나시는 그대로였다. 다만 저기 앞서 걷는 엄마와 이
모가 들어찬 풍경만 다를 뿐.

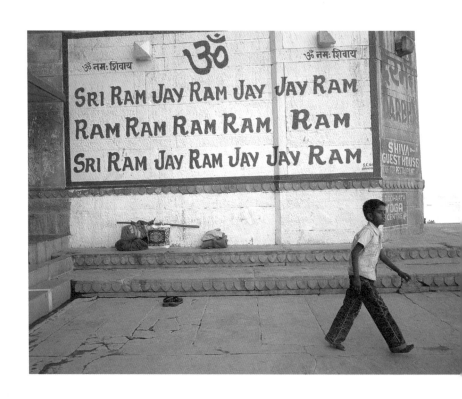

바라나시에 갈 때마다 묵는 숙소가 있다. 이름하야 레바 게스트하우스. 내가 처음 이곳에 왔을 때 숙소 이름이 '레바'였다. 그 후 사장님이 여러 번 바뀌었지만 여전히 레바라는 이름을 사용하고 있다. 여사님들과 여행하기 때문에 웬만하면 에어컨이 나오는 호텔을 잡으려고 했는데 바라나시에서만큼은 그냥 레바에 머물고 싶었다. 뭐 나만의 전통이랄까?

레바 게스트하우스가 있는 뱅갈리토라의 골목길들은 여전히 자전거 한 대도 지나가기 힘들 만큼 좁고 복잡했다.

"선영아, 니 진짜 알고 가는 기가?"

한참 동안 미로 같은 골목길을 돌기만 하자 엄마가 물었다.

"당연하지!"

엄마는 내 말을 믿지 못하겠다는 듯 재차 말했다.

"여기는 100년을 살아도 모르는 골목이 나오겠다!"

드디어 도착한 레바 게스트하우스. 그곳에서 우리는 반가운 친구를 만났다. 사랑의 선교회에서 우리를 도와줬던 롭상 오빠.

"기다리고 있었어요. 늦은 걸 보니 기차가 연착했나 보네요."

캘커타에서 만났을 때 다음 목적지는 바라나시라 말했을 뿐인데 레바에서 떡하니 우리를 기다리고 있다니. 배낭여행자들에게나 있을 수 있는 흥미로운 만남이다.

✦

엄마와 이모가 에어컨도 없고 조식도 안 주는 데다 늘 젊은 사람들로 북적이는 게스트하우스를 불편해할까 봐 걱정했는데 괜한 걱정이었다. 특히 엄마는 대청마루에 앉아 여행자들과 이야기하는 것을 좋아했다. 누구에게나 친절하고 다른 사람의 말에 귀 기울이는 엄마가 괜히 자랑스러웠다.

사실 나는 여행지에서 만난 사람들과 잘 어울리는 편이 아니다. 내 딴에는 어색하고 쑥스러워서 잘 다가가지 못하는 건데, 남들에겐 그렇게 보이지 않았을 것이다. 새침하고 약간은 매몰찬, 왠지 다가가기 어려운 그런 사람처럼 보이지 않았을까.

그런데 이번엔 달랐다. 엄마가 먼저 사람들에게 다가가 말을 걸고 친근함을 표시하니 나도 그러지 않을 수 없었다. 사람들은 엄마는 물론 그녀의 딸인 나에게도 쉽게 마음을 열어주었다.

이른 아침, 눈을 뜬 엄마가 제일 먼저 하는 일은 레바의 대청마루 청소였다. 매일 보는 장면인데도 레바 사장님은 "아니, 어머니가 왜?"라며 깜짝 놀라곤 했다. 그때마다 나는 엄마를 대신해 "자아실현 중!"이라고 짧게 답했다.

하루는 레바에서 생일 파티가 있었다. 서로 이름도 모르는 여행자들이 레바의 대청마루에 모여 누군가의 스물여섯 살 생일을 축하했다. 물론 엄마와 이모도 함께. 젊은 사람들의 파티에 끼는 것이 미안했는지 엄마가 술과 닭볶음탕을 쏘셨다. 물론 돈은 내가 냈지만. 난생처음 나이와 국적을 초월한 공간에 와 있는 엄마는 정말 즐거워 보였다.

며칠 되지 않아 엄마는 레바의 인기인이 되어 있었다. 아침마다 여행자들이 엄마 앞으로 몰려들었다. 물론 엄마가 편해서이기도 했지만 목적은 따로 있었다. 바로 머리 땋기. 엄마가 내 머리를 땋아주는 걸 본 여행자들이 너도나도 머리를 땋아달라며 엄마 앞에 줄을 서게 된 것이다. 20년 전,

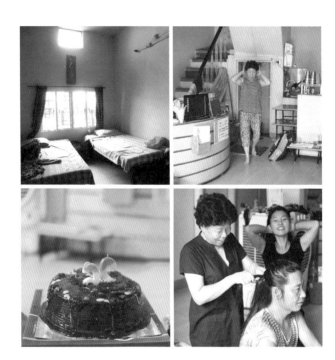

아침마다 내 머리를 땋던 실력으로 엄마는 그들의 머리를 곱게 땋아주었다.

　　그렇게 사흘쯤 지나자 레바의 모든 여행자 머리 스타일이 똑같아졌다. 한번은 레바에 묵는 여행자들이 모두 함께 거리로 나간 적이 있는데(20대 초반부터 30대 후반의 동양인, 게다가 머리 긴 롭상 오빠까지) 인도인뿐 아니라 외국인들까지 신기하게 쳐다보았다. 동양인의 얼굴을 잘 구분하지 못하는 한 외국인이 이렇게 물을 정도였다.

　"너희들은 어디서 왔어? 왜 다 똑같이 생겼어?"

　우리는 매우 기분 나빠하며 이렇게 외쳤다.

　"머리만 똑같은 거고, 다 다르게 생겼거든!"

박귀미 여사와
엄마 사이에서

엄마와 나, 이모는 롭상 오빠 그리고 그의 친구인 지혜와 함께 불교의 성지, 사르나트에 가기로 했다.

보통 이동하는 날에는 신경이 곤두서서 꼭두새벽에 일어나곤 한다. 하지만 이번만은 마음이 편했다. 롭상 오빠가 이 근방을 손바닥 들여다보듯 환히 꿰고 있었기 때문이다.

레바에서 술판이 벌어지던 어젯 밤, 무심코 "내일 사르나트로 가야 하는데 걱정이야. 혼자서 여사님들을 잘 데리고 다닐지 모르겠어."라고 털어놨더니 롭상 오빠가 흔쾌히 따라 나서주기로 했다.

우리는 사르나트로 가기 위해 고돌리아로 갔고, 롭상 오빠는 그곳에서 능숙하게 릭샤를 잡아 우리를 인도했다. 여

행을 시작한 후 처음으로 할 일이 없어졌다. 마음이 날아갈 듯 가벼웠다.

불교의 성지, 사르나트. 8년 전 바라나시에서 두 달이나 머물렀는데 방문할 생각조차 안 했던 곳을 빡빡한 이번 여행 일정에 욱여넣었다. 역시 여행은 짧게 하는 자가 승리한다. 부처님이 최초로 설법했던 자리라고는 하지만 불교 인구가 1퍼센트도 남아 있지 않은 인도에서 이곳은 폐허가 된 지 오래다. 사르나트 유적을 구경할 때부터 비가 부슬부슬 내렸다. 그 빗줄기가 황량한 사르나트 풍경과 무척 잘 어울렸다.

과거 성이 있던 자리에는 붉은 벽돌만 남아 있었는데, 숲이 우거진 풍경과 어우러져 상념에 젖게 했다. 엄마와 이모가 독실한 불교신자인 데 반해 나는 종교가 없다. 하지만 마음에 드는 종교가 있다면 불교다. 불교는 3대 종교 중 유일하게 '너 자신을 믿어라'라고 전하는 종교이지 않은가.

사르나트 관람을 마칠 즈음에는 비구름이 무서운 속도로 우리를 쫓았다. 유적들 위로 장대 같은 폭우가 쏟아졌다. 수백 년은 족히 되어 보이는 나무가 비를 맞으며 이리저리 흔들렸다. 우리는 하는 수 없이 매표소 안으로 대피했다.

오매불망 비가 그치기만 기다리고 있는데 갑자기 엄마가 우비를 입고 밖으로 나갔다. 엄마를 불렀지만 엄마는 내 말

에 답하지 않은 채 계속 비를 맞았다.

비가 오는 사르나트 유적을 보고 싶은 건지, 아니면 그냥 비를 맞고 싶은 건지 묻지 않았다. 그저 엄마의 돌발적인 행동을 멍하니 바라만 보았다. 단지 '내가 엄마를 알기 전 모습이지 않을까' 하는 생각만 가졌을 뿐. 그러니까 비가 오는 날 굳이 비를 맞기 위해 우비를 챙겨 입고 밖으로 나가는 그런 사람 말이다.

이번 여행은 익숙한 '엄마'와의 여행이 아닌 낯선 58세 '박귀미 여사'와의 여행이 확실하다.

이런 날,
저런 날

우리는 사르나트에서 3킬로미터 떨어진 녹야원으로 자리를 옮겼다. 네팔의 '룸비니'처럼 황량한 땅 위로 세계 각국의 절이 쑥쑥 솟아 있었다. 엄마와 이모는 오랜만에 절에 오니 마음이 편한지 표정이 맑았다.

예고도 없이 찾아온 우리를 반갑게 맞아준 사람은 태국 스님. 그는 오랜만에 찾아온 한국 손님들을 위해 한식을 준비하기 시작했다. 기부는 자유였고, 특별히 돈을 요구하지도 않았다. 한식 냄새를 맡으니 고향에 있는 할머니 집에라도 놀러 온 것처럼 마음이 편안해졌다.

녹야원에는 현재 한국 스님도 한 분 파견되어 있는데 우리가 갔을 때에는 계시지 않았다. 엄마와 이모는 이 사실을 매우 안타까워하며 "다음에 한국 스님 있을 때 한 번 더 와

야겠다."라고 말했다. 아니, 한 번 더 온다면 도대체 누가 데려온다는 말인가? 설마, 나?

된장국 냄새가 솔솔 나고, 밥을 짓는 구수한 냄새가 나자 엄마와 이모의 얼굴에 생기가 돌았다. 인도에서 먹은 한식이라고 해봤자 두 여사의 입에는 허접하기 그지없었을 것이다. 하지만 이곳에서는 왠지 제대로 된 한식을 먹을 수 있을 것 같았다. 엄마와 이모는 밥 짓는 냄새를 즐기며 녹야원이곳저곳을 구경했다.

녹야원 건너편에는 거대한 불상이 있었다. 태국 스님에게 물으니 베트남 절이라고 했다. 엄마는 이곳에서 하룻밤을 지내며 다른 나라 절들도 천천히 둘러보자고 했다. 하지만 그러기에는 우리의 일정이 너무 빡빡했다. 딱 잘라 거절하기가 미안해서 거짓말 아닌 거짓말로 엄마의 마음을 돌

렸다.

"다음에 오면 하룻밤 머물자."

비가 오는 날은 여행을 망치기 마련인데 오늘만큼은 비가 와서 더 좋았다. 사르나트 폐허에 비가 오던 광경은 강렬한 이미지를 남길 만큼 장관이었고, 비 내리는 녹야원 정원은 모든 것을 침묵하게 만들 만큼 서정적이었다.

우리 일행은 녹야원 2층에서 한동안 말없이 정원을 바라보았다. 그때 "밥 먹어라."라는 태국 스님의 말이 들렸다. 밥 짓는 내음에 침을 꼴깍꼴깍 삼키던 우리는 우당탕거리며 계단을 내려왔다. 밥상에는 감탄이 나올 만큼 먹음직스러운 한식이 준비되어 있었다.

이곳에 이런 즐거움이 있는 줄 알았다면 두 달 동안 바라나시에서 지냈을 때 자주 왔었을 것이다. 왜 가이드북에는 이런 말이 적혀 있지 않은 걸까? 이곳에 오면 기절할 만큼 맛있는 한식이 있다는 사실 말이다.

갓김치, 나물, 감자조림, 신 김치, 게다가 쌈밥까지! 우리는 탄성을 내지르며 밥상에 앉아 음식을 흡입했다. 그동안 인도의 향신료와 한식 같지 않은 한식에 힘들어하던 엄마와 이모는 오랜만에 제대로 된 밥을 먹으며 체력을 충전했다. 이모는 두 공기를 뚝딱 해치우며 태국 스님을 흐뭇하게 했다. 다른 일행들도 밥은 물론 반찬까지 싹싹 긁어 먹었다.

오늘은 모든 게 해피엔딩이다. 살다 보면 깡패 인도 아줌마와 멱살을 잡으며 기차 안에서 뒹구는 날도 있지만, 오늘처럼 모든 것이 기분 좋게 끝나는 날도 있다. 나는 이 사실을 여행하면서 자주 느낀다.

니는
좋았겠다

〜〜〜〜〜〜〜 8년 전, 대학생이던 나는 뺄 수 있는

시간을 최대한 빼서 세 달 동안 인도를 여행했다. 인도 전역을 다 보려면 세 달은 잡아야 한다고 판단했기 때문이다. 덕분에 시험을 치지 않고 과제물로 대체한 몇몇 강의는 D 학점이 나왔고, 다음 학기의 몇 강의는 첫 시간에 출석하지 못했다.

인도 전역을 돌아볼 것이라는 애초의 포부와는 달리, 그때 내가 간 도시는 델리, 아그라, 자이살메르, 맥그로드 간즈, 바라나시 등 고작 다섯 곳이다. 중요한 건 여행 기간 세 달 중 두 달을 바라나시에 있었다는 거다. 누군가 그때 무엇을 했느냐고 묻는다면 이렇게 대답할 것이다.

"아무것도 하지 않았어."

그래도 굳이 뭔가를 하지 않았느냐고 묻는다면 배를 탔다고 말할 것이다. 나는 새벽녘에 갠지스 강에 나가 배를 타는 게 그렇게 좋았다.

철썩, 철썩.

뱃사공이 노를 저을 때 들리는 마찰음이 참 좋았다. 눈을 감고 배 위에 앉아 있으면 차가운 아침 공기가 코끝을 스쳤다. 일찍 일어난 수도승들의 기도 소리도 좋았다. 사람들이 일상을 시작하는 소리, 동물들의 울음소리도 바람에 실려 건너왔다. 갠지스 강 위에서 무념무상의 시간을 보냈던 때가 엊그제 같은데 꼭 8년 만에 엄마, 이모와 함께 다시 이곳에 오다니.

여행을 떠나오기 전, 이모는 바라나시에 가느냐고 물었다.

"당연하지. 인도의 다른 도시 백 곳을 가는 것보다 바라나시 한 곳을 가는 게 더 좋아."

"도대체 바라나시에 뭐가 있는데?"

"갠지스 강이 있어. 시체 태우는 화장터도 있고."

그때의 그 말 때문인지, 아니면 물이 무서워 그런 건지 막상 갠지스 강에 와서 배를 타자는 내 말에 이모는 잠시 머뭇거렸다.

"이모, 갠지스 강까지 왔는데 배 한 번은 타봐야지. '철수'라고 한국말 잘하는 보트맨도 있어. 우리 그 사람 보트에 탈 거야. 근데 종종 여자들한테 찝쩍거리기도 해."

"니한테도 그라나?"

옆에 있던 엄마가 걱정스러운 듯 물었다.

"에이, 엄마, 걱정하지 마. 나한테 그랬다간 뼈도 못 추려."

보트맨 철수 씨를 간단하게 소개하자면 갠지스의 '한국어 안내원'이다. 1인당 100루피(약 2천 원)를 받고 두 시간 정도 배를 태워주는 뱃사공으로, 갠지스 강에 대해 한국어 설명까지 가능한 인도인이다.

드디어 엄마와 나, 이모가 철수 씨 배에 올랐다. 그리고 우리는 천천히 흘러가는 갠지스 강에 몸을 맡겼다. 철수 씨도 엄마와 이모에게 딱 필요한 정도의 말만 전했다. 엄마는 아무 말 없이 갠지스 강과 노을, 바라나시의 풍경을 바라보았다. 그렇게 한참을 있더니 가만히 입을 열었다.

"참 멋지다. 딸, 니는 좋았겠다. 이런 데서 두 달을 보내서."

해가 뉘엿뉘엿 지고 있었다. 바라나시의 풍경도 함께 흐려지는 듯했다. 괜히 울고 싶은 기분이었다. 우리 셋은 아무 말 없이 해가 지는 모습을 한참 동안 바라보았다.

바라나시의
흔한 일상

내가 바라나시에 오면 늘 그랬던 것처럼 엄마가 뱅갈리토라 골목 어느 구석에 자리를 잡고 앉아 사람들을 구경한다. 짜이 한 잔 손에 들고 오는 사람 가는 사람 알지도 못하면서 인사를 건넨다. 그것도 한국말로.

"왔나?"

"어데 가는데?"

"밥은 묵고 다니나?"

"아따, 날 참 덥다."

"뭐 그래 바쁜데?"

"수고해라."

….

금세 엄마는 철수, 만수, 선재, 영수 등 어딘가 조금 촌스러운 한국 이름을 가진 인도인들과 친구가 되었다.

바라나시에서의 엄마의 일상은 단순하다. 새벽에 철수네 보트를 타고 갠지스 강으로 나가 일출을 보고, 만수네 짜이를 마신 뒤, 동네 사랑방에 일없이 앉아 수다를 떤다.

맞아.

바라나시는 이렇게 여행하는 거야.

오지랖
끝판왕

그럼 버텨야 하는 인도에서

인도 현지인들은 참 남의 일에 지극
정성으로 관심을 쏟는다. 예를 들어 엄마가 휴대폰을 들고
골목길의 소들을 찍고 있으면 '이쪽 자리가 더 잘 나온다'
'이 구도가 더 예쁘게 나온다' '여기 말고 저쪽에 찍을 소가
더 많다' 등등 마치 오래 알아온 사람처럼 딱 달라붙어 잔소
리를 해댄다. 엄마는 얼떨결에 그들이 이끄는 대로 사진을
찍다가 결국 이렇게 말하곤 했다.

"가르쳐준 대로 찍었는데 별 차이도 없네!"

이처럼 인도인들의 오지랖은 남녀노소를 가리지 않는다.
한번은 이런 적도 있다.

인도 배낭여행을 할 때였는데 꽤 오랫동안 같이 다니던
일행과 헤어졌고, 멀어져가는 친구의 뒷모습을 보다가 울

음을 터뜨렸다. 그때 내 곁을 지나가던 인도인들이 다가와
물었다.

"무슨 일이야?"

"어떤 놈 때문에."

나는 대답하는 게 귀찮기도 했고, 대답할 기분도 아니라
서 짧게 대꾸했다. 그랬더니 "어떤 나쁜 놈이 여자를 울리
냐?"며 자기들끼리 웅성대기 시작했다. 나는 친구가 떠났다
는 사실이 너무 슬퍼서 당시 무슨 상황이 벌어지고 있는지
몰랐다. 인도인들이 "그놈을 잡으러 가자!"며 나를 앞장세
워 걸을 때조차도 나는 그들의 행동을 '그 친구를 같이 배웅
하자'라는 의미로 착각해서 기차역 쪽으로 걸어갔다. 그러
는 와중에 다른 인도인들이 우리 대열에 합류했다. 웬 동양
여자를 앞세운 무리가 "우-우-우-우!" 소리를 내며 거리를 행
진하니 다른 인도인들도 우리 무리를 따랐던 것이다.

"무슨 일이야?"

"나쁜 놈을 잡으러 간대!"

아마 이런 대화들이 오갔던 것 같다. 점차 우리 무리의 덩
치가 커졌고, 기차역에 다다를 즈음에는 오십여 명에 가까
운 인도인들이 어떤 '나쁜 놈'을 찾고 있었다. 나는 그때까
지도 전혀 상황을 파악하지 못하고 있었다. 그래서 기차 안
의 친구를 보자마자 반가운 마음에 외쳤다.

"내 친구다!"

순간 인도인들이 우르르 기차 안으로 들어갔고, 친구의 멱살을 잡아 기차 밖으로 끌고 나왔다. 나는 너무 당황해 외쳤다.

"아니, 이게 무슨 짓이야!"

"이놈이 널 울린 나쁜 놈 맞지?"

그제야 모든 상황이 이해되었다. 나는 황급히 그들을 가로막고 전후 사정을 이야기했다. 그러자 인도인들은 "왜 진작 그렇게 말을 안 했어."라며 웃어버렸다. 그러고는 친구가 탄 기차가 떠날 때까지 함께 기다려주다가 기차가 떠나는 순간 일제히 내 친구를 향해 손을 흔들어주었다. 오십 명 넘는 사람들이.

아, 미워할 수 없는 오지랖 끝판왕 인도인들이여!

참아야
하느니라

"오늘은 어디로 갈 끼가?"

이모가 물었다. 바라나시에서는 딱히 무언가를 찾아다닐 필요가 없다. 그저 갠지스 강을 바라보거나 가트(갠지스 강변에 있는 돌계단)에 앉아 있는 것만으로도 여행이 된다. 해서 내 나름대로 최선의 일정을 추천했다.

"화장터가 있는 마나까르니까 가트로 갔다가 거기 근처에 유명한 블루라씨 가게와 시원라씨 가게에 가서 라씨 한 잔씩 하는 게 어때? 가는 길이랑 오는 길에 가트랑 갠지스 강도 구경하고."

나는 정말 좋은 가이드다. 이렇게 완벽한 일정을 말해주다니. 하지만 이모는 만족하지 못한 모양이다.

"화장터에 뭐가 있는데?"

"시신이 있지."

"그거 봐서 뭐하는데?"

어렵다. 정말 대답하기 어렵다.

"블루라씨는 또 뭔데?"

"여기서 유명한 라씨 가게야."

"그러니까 라씨가 정확이 뭐냐고?"

"약간 치즈 맛이 나는 인도 요구르트. 수제로 만들어서 엄청 고소하고 엄청 맛있어."

"싫다. 난 안 먹을란다. 니나 무라."

아, 윤선영. 참아야 한다. 참아야 하느니.

어쨌든 우여곡절 끝에 투덜이 이모와 뭘 해도 좋다 하는 엄마를 데리고 가트로 향했다. 화장터에 가서 뭐할 거냐고 묻던 이모는 시신 타는 모습이 가장 잘 보이는 곳으로 이동했다. 매캐한 연기 때문에 숨 쉬기가 어려워 얼른 가자고 재촉해도 이모는 자리를 뜨지 않았다.

"이모! 이제 가자. 엄마 속이 안 좋대."

"이것만 좀 보고."

"왜? 이거 봐서 뭐할 건데?"

"그냥, 사람 타는 거 보니깐 생각이 많아지네."

아, 정말 이 청개구리 이모를 버릴 수도 없고. 아무튼 시신이 재가 되는 걸 끝까지 보겠다는 이모를 질질 끌고 블루

라씨 가게로 갔다. 이모의 눈빛은 '나를 왜 여기까지 고생시키며 데려온 거냐'라고 말하고 있었다. 그런 이모의 눈빛을 무시하며 그 가게에서 가장 유명한 석류 라씨 두 잔을 주문했다. 이모의 라씨는 주문하지 않았다. 이곳까지 오는 길에 "싫다. 난 절대 안 먹을 끼다!"라고 백오십 번쯤 외쳤으니까.

드디어 주문한 라씨가 나왔다. 장유유서, 그런고로 엄마 먼저. 그리고 밉상인 이모에게도 한 입 먹으라며 내 라씨를 건넸다. 그런데 라씨를 맛본 이모가 "아니, 이게 뭔데 이렇게 맛있나?"라며 계속 마셨고, 결국 내 라씨는 바닥을 드러냈다. 그제야 이모가 좀 멋쩍은지 이렇게 말했다.

"이렇게 맛있는 거라고 왜 말 안 했나?"

참을 인. 참을 인. 참을 인.

망고에 대한
집착

〰〰〰〰〰〰 이모는 이번 여행을 시작하기 전 누구에게 무슨 말을 듣고 온 건지 무섭도록 망고에 집착했다. 이모는 아침에 눈을 뜨자마자 망고를 먹었고, 자기 직전에도 망고를 먹었다. 엄마는 망고를 먹어대는 이모를 한심하게 쳐다봤다.

"언니, 내가 계속 말하지만, 이게 맛있어서 먹는 게 아니라 비행기 값을 빼려고 먹는 기다."

아니, 이모의 비행기 값은 내가 낸 건데 이건 무슨 논리인지. 아무튼 이모가 망고를 많이 먹는 게 나로서는 조금 귀찮은 일이기도 했는데, 망고가 떨어지면 어김없이 이모가 이렇게 말했기 때문이다.

"선영아, 나가서 망고 사 온나."

그놈의 시장은 왜 그렇게 멀고, 이모는 왜 그렇게 망고를
잘 먹는지!

한번은 망고 사러 나가는 게 너무 귀찮아서 한꺼번에 5킬
로그램을 사다준 적이 있는데, 이모는 그걸 하루 만에 다 먹
어치웠다. 아, 무서운 이모!

그렇게 망고를 흡입한 지 며칠 지났을 때였다. 이모의 얼
굴이 갑자기 퉁퉁 부어오르기 시작했다. 우리는 여러 추측
을 해보았다.

"인도의 공기가 더러워서 그런 거야."

"피곤해서 그럴 수도 있어."

"물갈이를 특이하게 하는 건 아닐까?"

"아니면 뭐에 물린 건 아닐까?"

하지만 우리가 어떻게 제대로 된 원인을 찾을 수 있겠는
가. 나와 엄마는 이모에게 전에도 이런 적이 있느냐고 물었
지만 "없다."라는 대답만 돌아왔다.

그렇게 며칠이 더 지나자 이모의 얼굴이 터질 듯 부어올
랐다. 심지어 빨갛게 부어올라 가려움증까지 더해졌다. 나
도 처음 보는 증상이라 덜컥 겁이 났다. 이모는 태연한 척했
지만 역시나 겁이 난 듯했다. 우리는 숙소에서 머리를 맞대
고 고민하다가, 결국 모든 일정을 취소하고 병원에 가보기
로 했다.

병원 데스크 직원이 이모의 얼굴을 이리저리 살펴보더니 "피부과에 가보고 안 되면 내과에 가보세요."라고 말했다. 우리는 피부과 의자 앞에서 손을 맞잡고 의사의 호출을 기다렸다. 그렇게 30분 정도 흘렀을까. 의사의 호출에 우리는 비장한 얼굴로 진료실에 들어갔다.

"이모 얼굴이 갑자기 부었어요."

"왜죠?"

"몰라요."

정말 인도 의사를 여러 번 봤지만 영 미덥지 못하다. 우리가 아픈 이유를 알면 여기까지 왔겠는가? 의사는 우리에게 여러 가지를 질문했다.

"자는 곳은?"

"과거에 이랬던 적은?"

"먹은 음식은?"

의사의 마지막 질문에 나는 주저 없이 "망고!"라고 답했다. 의사는 내 대답을 듣더니 검사 하나만 해보자고 했다. 치료비가 걱정되긴 했지만 여행자 보험을 들어놨기 때문에 흔쾌히 그러자고 했다.

의사가 해보자고 했던 검사는 알레르기 검사였다. 그리고 검사 결과, 이모는 망고 알레르기를 가지고 있었다. 의사의 입에서 "망고 알레르기입니다."라는 말이 떨어지자 이모

는 마치 암 확정 진단이라도 받은 듯 망연자실했다. 이모는
망고를 먹을 수 없다는 현실을 믿을 수 없는지 내 등을 후려
갈기며 말했다.

"다시 물어봐라! 진짜 망고 알레르긴지."

나도 이제 서른한 살인데 이렇게 매일같이 맞고 다니며
여행을 해야 하는 걸까. 나는 젊고 잘생긴 인도 의사 앞에서
맞은 게 더 억울했다.

"선생님, 우리 이모가 믿기 어렵나 봐요. 명확한 발음으로
이모에게 망고 알레르기라고 말해주세요."

인도 의사는 아주 친절하게 나의 요청에 응해주었다.

"망. 고. 알. 레. 르. 기."

그 잘생긴 의사는 잘생긴 발음으로, 전 세계 인류가 다 알
아들을 수 있는 발음으로 이모에게 병명을 알려주었다. 그
런데도 이모는 그럴 리가 없다며 의사에게 다시 검사해보

자고 사정했다. 도대체 이모에게 망고가 무엇이기에!

아무튼 이모에게 오신 망고 알레르기님께 축복을! 나는 더 이상 망고를 사러 하루에도 몇 번씩 시장에 갈 필요가 없어졌다. 나이스! 아싸! 뷰티풀!

병원에서 돌아오는 길에 엄마는 이모의 부은 얼굴을 보며 이렇게 말했다.

"뭘 해도 짜증 부리며 부어터져 있더니 얼굴이 진짜 부어터졌네."

세상에, 엄마가 이렇게 정확한 라임으로 이모를 디스하다니. 나는 박수를 치며 엄마의 언어 센스를 칭찬하고 싶었지만 이모의 눈빛을 보고 참았다. 대신 본심을 숨기고 이렇게 말했다.

"에이, 엄마는. 이모 아픈데 왜 그렇게 말해?"

엄마 미안. 어쩔 수 없었어.

그렇게 망고를 끊은 지 사흘쯤 지났을 때였다. 이모가 시장에서 망고를 한아름 사들고 들어왔다.

"난 얼굴이 부어터져도 망고를 먹고 한국으로 돌아가야겠다."

"도대체 왜 그렇게 망고에 집착하는 건데?"

"한국 가면 망고 하나가 2천 원이 넘는데 여기는 2천 원에 열 개를 주잖냐. 그럼 천 개 먹으면 180만 원 버는 거 아이가."

"그러다 180만 원 못 벌고 큰일 나면 어쩌려고?"

"망고 먹고 죽으면 갠지스에 뿌려지지 뭐. 그럼 천국 간다
며?"

하아. 이모 '승'이다.

인도식

협박

〰〰〰〰 블루라씨 가게에서 라씨가 나오기를 기다리고 있는데 이모가 물었다.

"선영아, 라씨 만드는 저 사람이 여기 사장이가?"

"아니. 원래 사장은 할아버지고, 저 사람은 큰아들이야."

이 말을 뱉는 순간 내 마음속에는 저 큰아들에 대해 알고 있는 걸 죄다 말해버리고 싶다는 충동이 일었다. 8년 전부터 나는 인도에 지대한 관심을 가지고 살아왔다. 따라서 인도에 있건 없건 관련 서적 및 카페를 통해 인도의 최신 뉴스와 소문을 꿰차고 있었다. 소문에 의하면 이 라씨 가게의 큰아들이 아주 악질이다. 물론 라씨는 맛있게 만들지만.

"근데 이모, 저놈이 엄청 나쁜 놈이야."

밑도 끝도 없는 나의 말에 엄마와 이모가 집중했다. 나는

8년 전, 블루라씨 가게의 할아버지 사장님과 함께.

신이 난 사람처럼 큰 소리로 떠들기 시작했다.

"원래 할아버지가 라씨 가게를 운영할 때부터 저놈이 여자들한테 찝쩍거린다는 소문이 자자했는데 몇 년 전엔 아예 대형 사고를 터뜨렸대. 저놈이 여자가 주문한 라씨에 '방'이라는, 마리화나보다 강한 마약을 탄 거야. 그리고 기절한 여자를 성폭행했대! 게다가 그게 한두 번이 아니래! 완전 쓰레기야!"

그때 섬뜩한 목소리가 들려왔다.

"넌 나에 대해 어떻게 그리 잘 알지?"

뒤를 돌아보니 라씨 가게 큰아들이 나를 쳐다보고 있었다. 놈의 눈빛은 공포감이 들 정도로 사나웠다.

"저기… 너 한국말 알아들어?"

"조금. 그런데 너 내 가게에서 그런 말 하면 무사할 것 같
아?"

"… 미안."

"너 저녁에 조심해라. 칼 맞는 수가 있다."

그때 갑자기 엄마가 버럭 화를 내며 대화에 끼어들었다
(엄마는 영어로 말하진 못해도 영어를 대충 알아듣는다).

"야, 이놈아! 니가 나쁜 짓 한 거 맞는데 어디서 내 딸한테
협박이야?"

언제나 조용하고 차분했던 엄마다. 그런 엄마가 라씨 가
게가 흔들릴 정도로 소리를 질렀다.

"이 나쁜 놈아! 너 내 딸 건들면 니가 내한테 칼 맞을 줄
알아라! 한국에서 온 딸들 성폭행했다는 소리 한 번만 더
들렸다 하면 아주 가만 안 둘 끼다!"

주변에 있던 외국인들도 갑작스런 상황에 토끼 눈을 하
고 우리를 주시했다.

"선영아, 저놈이 만든 라씨 먹지 말고 가자!"

말을 끝내기 무섭게 엄마가 저벅저벅 밖으로 걸어 나갔다.
이모와 나는 얼른 엄마의 뒤를 따랐다. 다행히 큰아들은 따
라 나오지 않았다. 나는 뒤를 힐끔거리며 엄마에게 말했다.

"엄마, 저 사람은 인도 현지인이잖아. 우리 오늘 밤에 칼
맞아 죽을 수도 있어!"

"웃기고 있네. 제깟 놈이 칼 들고 오긴 어딜 와! 오기만 해
봐라!"

엄마는 분이 풀리지 않는지 뱅갈리토라 거리를 걷는 내
내 씩씩거렸다. 나는 엄마 뒤를 졸졸 쫓아가며 오늘 밤 혹시
나 있을 칼부림에 어떻게 대처해야 할지 머리를 굴렸다.

'제깟 놈'이라며 패기 있게 걷던 엄마는 레바 게스트하우
스에 도착하자마자 사장님한테 쪼르르 달려가 울먹이며 말
했다.

"사장님, 어떤 미친놈이 우리더러 오늘 밤 칼 맞을 준비하
랍니다."

사장님 대신 대낮부터 레바 대청마루에서 맥주를 마시고
있던 롭상 오빠가 엄마의 말을 받았다.

"이 동네 애들은 조금만 기분 나빠도 칼 맞을 준비하래요.

그 말 듣고 진짜 칼 맞았으면 전 이미 이 세상 사람 아닙니다."

엄마는 롭상 오빠의 말에 위로를 좀 받았는지 대청마루에 철퍼덕 앉아 한숨을 돌렸다. 그런 엄마 옆에서 롭상 오빠가 뱅갈리토라 상인들과 원수진 모험담들을 늘어놓았다. 그 모든 이야기는 '칼 맞아 죽을 수도 있으니 조심해!'로 끝났다. 오빠의 말을 한참 듣고 있던 엄마가 작게 한숨을 내쉬더니 내게 조용히 말했다.

"선영아, 우리 여기 빨리 뜨자."

엄마, 그러게 싸우긴 왜 싸워. 소심하긴.

바라나시와
작별하기

앞에서도 말했지만 바라나시에는 특별한 유적지가 없다. 때문에 우리는 발길 닿는 대로 걷고 기분 내키는 대로 시간을 보냈다. 아침엔 라씨를 먹으러 갔고, 점심엔 짜이를 사서 갠지스 강을 바라보며 마셨다. 이모는 모두가 만류했음에도 불구하고 때마다 알레르기 약과 망고를 함께 먹었다.

캘커타에서는 혼자 길거리를 거닐 엄두도 못 내던 여사님들이 바라나시에선 행동반경을 넓히며 동네 구경에 나섰다. 블루라씨 가게 큰아들의 협박도 그저 작은 에피소드가 되었다. 엄마보다 용감한 이모는 혼자 몇 시간씩 산책을 하고 돌아와 나와 엄마에게 자신이 본 것을 이야기했다. 그럴 때의 이모 표정은 마치 개선장군처럼 의기양양했다.

매일 아침, 엄마와 이모는 아침잠이 많은 나를 깨워 갠지스 강가를 걸었다. 새벽녘의 갠지스에는 모든 것을 침묵하게 할 만큼 신성한 기운이 감돌았다. 관광객을 태운 배들은 일출을 보여주기 위해 새벽 5시쯤 강으로 나갔다. 그래서 6시쯤 강가를 걸으면 수백 척의 배가 유유히 강 위를 떠다니는 걸 볼 수 있었다. 수많은 사원에서 강 위로 흘려보내는 기도문과 뱃사공들의 느린 움직임은 언제 봐도 장관이었다.

저녁이면 뿌자를 보러 나갔다. 뿌자는 매일 밤 갠지스 강 메인가트에서 열리는 종교 행사다. 막상 가보면 종교 행사라기보다 축제처럼 느껴진다. 강의 여신께 기도를 올리는 수백 명의 사람들과 꽃과 음악이 어우러져 늘 몽환적인 꿈을 꾸게 했다.

이제 바라나시와도 작별 인사를 해야 한다. 마지막으로 여사님들과 함께 갠지스 강가로 나왔다. 우리는 평소처럼 갠지스 강을 바라보았다. 그렇게 얼마쯤 지났을까. 내가 묻지도 않았는데 엄마가 말했다.

"엄마는 바라나시가 참 좋다."

그리고 이모도 고개를 끄덕이며 말을 받았다.

"이모도 바라나시가 제일 기억에 남을 것 같다."

수백 년 전부터 존재했을 바라나시. 우리는 그 도시에 고작 며칠 머물렀다. 그러니 바라나시에 대해 뭔가를 알고 있다고 말할 수는 없다. 하지만 한 가지는 분명하게 알게 됐다. 바라나시는 앞으로 우리에게 '꼭 한 번 다시 오고 싶은 도시'로 남을 것이라는 사실 말이다.

"엄마, 난 나중에 은퇴하면 여기서 1년쯤 밥집이랑 게스트하우스를 하면서 살고 싶어."

내 말에 엄마가 웃으며 말했다.

"그래? 그럼 엄마도 끼워줘."

"근데 엄마. 내가 은퇴하면 환갑이니까 엄마는 아흔이 넘을 텐데."

"괜찮다. 할 수 있다."

정말 그럴 수만 있다면 얼마나 좋을까. 나는 갠지스 강에 지금의 엄마와 아흔 살 엄마의 건강을 빌며 진한 작별 인사를 고했다.

PART 3

우리 여행
체질인가 봐

엄마가
아프다

〰〰〰〰〰〰 세상에, 엄마가 아프다!

어렸을 때부터 엄마는 잔병치레를 거의 해본 적 없을 정
도로 건강했다고 한다. 나도 엄마가 감기에 걸리는 걸 본 적
이 없다. 집안 사정이 어려워지면서 무척 고생했을 텐데 내
기억 속 엄마는 언제나 쌩쌩했다.

엄마는 늘 새벽 5시쯤 일어나 아침밥을 준비했고, 6시 반
에 일을 하러 나갔다. 엄마의 첫 직장은 아빠의 자동차 부속
가게였을 것이다. 가게가 어려워져서 종업원들을 내보내고
그 자리를 엄마가 채웠던 것 같다. 아빠 가게가 폐업한 후에
는 마트와 식당 같은 곳에서 일했다. 고된 일이었다. 그런데
도 저녁에 들어오면 쉬지 않고 밀린 청소와 빨래, 설거지를
해야 했다. 그 와중에 우리 남매의 밥도 챙겼고. 10시 넘어

들어오는 아빠의 식사도 차렸다. 그 시절의 나는 정말 이기적이었다. 공부한다는 핑계로 집안일을 거든 적이 없다. 그깟 공부가 뭐라고. 하지만 엄마는 나를 나무라거나 혼내지 않았다. 그저 입버릇처럼 이렇게 말했을 뿐이다.

"선영아, 곱게 자라야 나중에도 곱게 시집간데이."

그런 엄마에게 나는 용돈이 적다고, 다른 애들 다 사는 운동화나 옷을 사주지 않는다고 자주 화를 냈다. 생각만 해도 얼굴이 화끈거린다.

아무튼, 그리 건강했던 엄마가 아프다. 바라나시에서 새벽 비행기를 타고 델리로 건너올 때부터 엄마의 컨디션이 좋지 않았다. 문제는 오늘 저녁 7시에 야간 버스를 타고 열두 시간을 달려 맥그로드 간즈로 가야 한다는 사실이다. 델리에 오후 2시 도착이라 이곳에 숙소를 잡지도 않았다. 하는 수 없이 델리 여행자 거리에서 유일하게 에어컨이 나온다는 '더 카페'로 엄마를 이끌었다. 카페에 들어온 엄마는 더 이상 버티기 힘든지 소파에 쓰러지듯 누웠다.

"선영아, 엄마가 좀 아프네. 잠깐만 잘게."

아, 우리 엄마가 아프다고 말하다니! 나는 걱정스러운 마음에 발만 동동 굴렀다.

"엄마, 지금이라도 델리에 숙소 잡을까?"

"저녁에 버스 타고 딴 데 간다 아이가. 그냥 여기 있어도 된다."

지금까지의 인도 여정. 어쩌면 58세 아줌마가 배낭까지 짊어지고 다닐 만한 여정이 아니었을지도 모른다. 나는 엄마의 체력을 믿었다. 그런데 그런 엄마가 한국도 아닌 인도 델리의 어느 카페 소파에 쓰러지듯 누워버리다니. 괜히 엄마를 이곳까지 데리고 와서 고생시키는 것 같아 눈물이 핑 돌았다.

지금 잠깐 엄마의 상태가 좋아진다고 해도 문제는 남아 있었다. 맥그로드 간즈로 가는 야간 버스가 유명한 고행길이었으니, 끝없이 굽이굽이 도는 코스는 멀미를 하지 않는 사람들조차 정신 못 차리게 만드는 위력을 가지고 있었다. 그런데 엄마는 포장된 도로를 직선 주행해도 멀미를 하는 사람이다. 이걸 어쩌면 좋을까.

"언니, 그냥 여기에 하루 있을까?"

이모가 걱정스레 물었다.

"그래, 엄마, 델리에 하루 묵고 내일 가자."

나도 거들었다. 하지만 엄마는 눈도 뜨지 않고 대답했다.

"됐다. 좀 누워 있으면 된다, 마"

그렇게 시간은 흘렀고, 우리는 소파에 누워 있던 엄마를 부축해 맥그로드 간즈행 버스에 올랐다. 엄마는 계속 "괜찮다. 괜찮다."라고 말했지만 얼굴은 이미 하얗게 질려 있었다.

버스는 출발했고 사경을 헤매는 여정이 시작됐다. 장장 열두 시간. 엄마는 굽이치는 차 안에서 계속 봉지를 찾았다. 오바이트와 신음이 끝없이 오갔다. 나는 엄마의 손을 꼭 잡으며 우리가 무사히 맥그로드 간즈에 도착하기만을 빌었다. 무섭고 두렵고 미안해서 눈물이 멈추지 않았다.

새벽 6시 반.

드디어 목적지인 맥그로드 간즈에 도착했다. 엄마는 도착하자마자 버스 정류장 바닥에 쓰러져 한참을 그대로 있었다. 나와 이모는 쓰러진 엄마의 양손을 잡고 아무 말도 하지 못했다.

"선영아, 이럴수록 니가 정신 잘 챙겨야 한다."

이모의 말에 나는 눈물을 닦고 숙소를 구하기 위해 이리

저리 뛰기 시작했다. 이모가 아픈 엄마의 곁을 지켰다. 겨우 호텔을 잡고 엄마를 질질 끌다시피 데려와 숙소 침대에 눕혔다. 엄마는 베개에 얼굴을 묻고 잠시 숨을 고르더니 갑자기 고개를 들었다. 그리고 내 얼굴을 보며 말했다.

"선영아, 엄마 죽을 뻔했다."

"엄마 미안해. 여기 오자고 해서."

"아이다. 내가 오자 안 했나. 내가 언제 또 이런 경험을 해보겠노."

맥그로드 간즈,
기억

맥그로드 간즈까지 오는 데 눈물 콧물 쏟는 일이 있었지만, 막상 이곳에 오니 마음이 비교할 데 없이 편안해졌다. 맥그로드 간즈에 대해 말하려면, 예전 이곳에 머물던 조금 어린 '나'에 대해 먼저 이야기해야 할 것 같다.

누구에게나 20대는 그러하겠지만, 나의 20대도 힘들고 아팠다. 때문에 항상 어디론가 달아나고 싶었다. 그러다 발견한 도시가 바로 이곳이다. 그냥 숨어버려도 괜찮을 것 같은 안개의 도시, 맥그로드 간즈. 어쩌면 그때의 나처럼 모든 시름 다 버리고 잠시 숨어 있으라고 엄마를 이곳으로 이끈 건지도 모르겠다.

맥그로드 간즈에 머물던 당시, 아침에 일어나면 숙소 창문으로 자욱한 안개가 들어왔다. 아주 잠깐, 내가 안개 이불을 덮고 잔 건가 싶은 착각이 들 정도로 짙은 안개였다. 히말라야가 보인다는 게 장점이라던 숙소에서 3주간 머물렀지만, 히말라야를 본 건 단 몇 차례뿐이었다. 당연히 빨래는 잘 마르지 않았다. 안개를 쫓아 거리에 나오면 모든 게 흐리고 느리게만 움직였다.

나는 이곳이 고등학교 시절 내가 좋아했던《무진기행》의 '무진'과 많이 닮았다고 생각했다.《무진기행》의 주인공이 항상 반수면 상태로 무진에서의 일을 제대로 기억하지 못했던 것처럼, 나 역시 이곳에서의 일을 잘 기억하지 못한다. 그저 떠오르는 건 끝 간 데 없는 안개뿐이다.

하지만 희한하게도 눈을 감으면 안개가 걷힌 듯 선명한 것들이 떠올랐다. 눈이 예쁜 티베트 아이들, 아침마다 걸었던 코라 길, 그곳을 걷기 위해 샀던 맛은 없고 크기만 컸던 빵, 길을 걷다가 갑자기 만났던 히말라야, 코라를 돌리며 걷는 티베트 사람들, 새빨간 승복을 입은 티베트 스님들, 안개를 헤치며 마셨던 달짝지근한 짜이.

하지만 역시나, 다시 돌아와 만난 맥그로드 간즈는 여전히 안개에 잠겨 흐릿하다. 딱 숨어 있기 좋을 만큼.

'엄마, 엄마도 여기에서 맘 놓고 잠깐 숨었다 가.'

엄마는
여행 생활자

내가 장기여행을 할 때마다 엄마의 걱정은 '밥'이었다. 엄마는 배낭여행자의 삶을 경험해본 적도 없고, 상상해본 적도 없다. 모르긴 몰라도 엄마는 당신 딸이 배낭 하나 달랑 메고 길거리를 오가며 부랑자나 다름없는 생활을 했을 거라고 생각했던 것 같다. 그래서 매번 통화할 때마다 엄마는 내 '밥'부터 물었다.

"엄마, 아직도 내가 여행 다니면서 밥은 잘 먹고 다니는지 걱정돼?"

나는 맥그로드 간즈 숙소에서 빨래를 널고 있는 엄마에게 물었다.

"아니! 여행도 다니다 보니 생활이 되네."

나는 엄마의 말에 웃음이 났다. 여러 날, 엄마와 캘커타,

바라나시, 델리를 지나왔다. 그 시간과 공간이 엄마를 여행에 익숙한 사람으로 만들었다. 어느새 엄마가 여행 생활자가 되어 있다니! 아무리 생각해도 놀랍기만 하다.

엄마는 아침에 일어나자마자 발코니로 나가 숙소 밖 풍경부터 바라봤다. 그러고는 휴대폰으로 마음에 드는 곳을 촬영했다. 관찰과 촬영이 습관이 된 사람 같았다. 내 또래로 태어나 공부했다면 아마 기자를 하고도 남았을 것이다.

촬영이 끝나면 침대에 있는 나와 이모에게 창문 너머의 세상을 설명했다. 사람들이 입고 있는 옷, 나무 위의 원숭이, 바람에 나부끼는 풀잎, 거리의 강아지, 산 위에 있는 집들 모양까지.

나는 서른한 살인데도 가끔은 세상이 지루하다. 그런데 환갑을 코앞에 둔 엄마가 세상에 저토록 호기심을 갖다니.

내가 감개무량한 마음으로 엄마를 바라보고 있으면 잠이
덜 깬 이모가 이렇게 읊조렸다.

"니 엄마 또 시작이다, 또 시작이야."

이렇게 첫 일과를 끝낸 엄마는 아침밥을 차렸다. 한국에
서 가져온 누룽지와 선식을 끓여서 밥처럼 만들고, 그 옆에
집에서 가져온 반찬을 펼쳐놓았다. 제발 나가서 사 먹자고
권했지만 소용없었다. 엄마는 내 말을 귓등으로 듣지도 않
고 꿋꿋하게 밥을 차렸다. 가져온 반찬이 바닥을 보이던 어
느 날에는 이렇게 말하기도 했다.

"다음 여행에는 깻잎이랑 젓갈도 가져와야겠다."

밥을 다 먹으면 엄마는 설거지를 했다. 그런 후 과일을 깎
아 먹었고, 한국에서 들고 온 봉지 커피를 마셨다. 대략 이
렇게 아침 일과가 모두 끝나면 우리는 다 같이 밖으로 나가
동네를 산책했고, 숙소로 돌아오는 길에 빵과 과일, 채소 등
을 샀다. 엄마는 새로운 식료품에 지대한 관심을 보였다. 현
지 상인들에게 끊임없이 궁금한 걸 물었다. 물론 한국어로.
재밌는 건 그들도 엄마의 말을 대충 알아듣고 곧잘 대답을
해주었다는 것이다.

숙소로 돌아온 엄마는 빨래를 했다. 내가 "세탁 맡겨도 안
비싸다." "엄마 힘드니까 제발 빨래는 하지 마라." "여기까지
와서 일을 하느냐?" 하며 애걸복걸했지만 이 말 역시 엄마

에게 통하지 않았다. 처음에는 나도 빨래만은 양보하지 않으리라 다짐했는데, 어느 순간 엄마가 유적지를 돌아다닐 때보다 빨래를 할 때 더 기분이 좋아 보인다는 걸 깨닫고 내뜻을 접었다.

엄마는 방 청소도 했다. 숙소 로비에서 빗자루를 빌려 와 바닥에 널려 있는 머리카락이나 먼지를 쓸어냈다. 그뿐 아니라 걸레까지 빌려 와 방 이곳저곳을 깨끗이 닦았다.

나는 적어도 엄마가 여행을 하는 동안에는 한국에서 받지 못했던 '대접'이란 것을 받으면 좋겠다고 생각했다. 그래서 엄마가 그저 유유자적 놀러 다니기만 했으면 싶었다. 하지만 엄마는 인도가 마치 부산인 것처럼 살았다. 처음에는 그게 참 싫었는데 어느 순간 이런 생각이 들었다.

'내가 언제 여행 생활자로 산 적이 있었나? 나는 그저 관광객으로 살았던 건 아닐까? 엄마야말로 진짜 여행 생활자가 아닐까?'

역시, 나는 아직 엄마에게 배워야 할 게 너무 많다.

✦

멀리 돌아갈수록
더 많 은 것 을 본 다

〜〜〜〜〜〜　내가 참 힘들던 시절, 그나마 마음 편하게 있었던 곳에 다시 와 그런가, 맥그로드 간즈의 안개를 뚫고 산책하는 내내 옛일이 떠올랐다.

나는 인생에서 중요한 시험을 한 번에 붙은 적이 없다.

내게 중요했던 첫 번째 시험은 수능이었다. 당연히 여러 번 봤다. 스무 살 성인식 날, 나는 재수학원 담임선생님에게 기형도 시집을 선물 받았다. 그 시집에는 이런 구절이 있었다.

'아이들은 무럭무럭 자라나 모두들 공장으로 간다.'

다행히 나는 다음 해에 공장이 아닌 대학에 갔다. 그렇다고 상황이 나아지진 않았다. 교양으로 들었던 국악 수업에서 나 홀로 낙방의 고배를 마셨다. 이건 웃기기라도 하지, 남들 다 붙는 운전면허 시험을 네 번이나 칠 때는 창피하기까지 했다. 이러다가 결혼도 재수, 삼수하는 건 아닐까, 심히 혼란스러웠다.

사정이 이러하니 직장을 단번에 구한다는 건 상상할 수 없는 일이었다. 나는 임용고시를 준비했는데, 주변 동기나 선배들을 보니 적어도 삼수 안에는 시험에 합격하는 것 같았다. 그래서 나도 그럴 줄 알았다. 삼수만 해도 감지덕지라 생각했다. 그런데 나는 삼수로도 모자라 다섯 번 만에 임용고시에 합격했다. 아마도 그때가 내 인생에서 가장 쓰디쓴 시간이었을 것이다.

그때는 어두운 터널을 혼자 걷는 것 같았다. 시험을 계속 친다 한들 합격을 장담할 수도 없지, 나이는 먹어가지, 친구들은 벌써 돈 벌어 사람 노릇 하지…. 나 혼자만 좁디좁은 고시원에 갇혀 평생 공부만 하는 건 아닐까, 조바심이 났다. 도대체 임용고시 합격자 발표는 왜 매년 12월 24일에 하는지. 덕분에 나는 20대 대부분의 크리스마스이브를 눈물로 보냈다. 사실 합격자를 발표하기 이틀 전부터 나는 펑펑 울었다. 계속 시험에 떨어지기만 했던 슬픈 상황 때문에 울었고, 또 떨어질 것 같은 불길한 예감 때문에 울었다.

서른 살, 다섯 번 만에 시험에 합격했을 때 나는 전보다 훨씬 더 서럽게 울었다. 그만큼 그 5년이 나에게 혹독했던 모양이다.

그렇게 힘든 시절, 내게 큰 힘이 되어준 사람이 있다. 이제 뭐 다 예상하겠지만, 바로 나의 엄마 박귀미 여사다. 엄마는 그 시절 나에게 단 한 번의 채찍도 가하지 않았다. 나를 원망하지도, 질책하지도 않았다. 그저 내가 울 때마다 토닥여줬을 뿐이다.

세 번째 시험에서 낙방했을 때였나? 그때 나는 엄마에게 전화를 걸어 목 놓아 울었다. 정말 꺽꺽거리며 울었던 것 같다. 그때 엄마는 내가 울다 지쳐 잠잠해지기를 기다렸다가 담담히 한마디를 건넸다.

"딸아, 멀리 돌아가는 사람일수록 많이 본단다."

나는 여전히 지금도 중요한 시험에서 자주 떨어진다. 실수도 많이 한다. 남들이 한 번에 하는 일을 두 번, 세 번에 나눠서 한다. 그래도 이제는 그때처럼 목 놓아 울지 않는다. 그럴수록 더 많이 보는 사람이 될 수 있을 테니까. 박귀미 여사가 나보다 더 현명한 건 수많은 시련을 거치며 돌고 돌아 지금에 와 있어서겠지.

"엄마. 그때 기억나? 내가 임용고시 떨어져서 울었더니 엄마가 나한테 해줬던 말?"

"뭔데?"

"멀리 돌아가는 사람일수록 많이 본다, 라고 했던 말. 생

각 안 나?"

"신영아, 쓸데없는 말 말고 얼른 숙소 가는 길이나 좀 찾아라. 엄만 많이 안 봐도 된다."

흠, 그냥 질문 따위 걷어두고 조용히 산책이나 할 것을.

그 엄마에
그 딸

맥그로드 간즈에는 우리나라 묵과 비슷한 음식이 있다. 가이드북에도 '묵'이라고 적혀 있어 정확한 현지 이름은 모르겠다. 워낙 한국 사람들이 많이 찾는 도시라 묵을 파는 가게에 가서 "묵 주세요."라고 한국말을 해도 다 알아듣는다.

노란 빛깔의 묵은 일단 맛있다. 묵 위에는 콩 맛이 나는 고명이 올라가는데, 이게 어쩔 때는 어묵을 씹는 것 같고, 어쩔 때는 고기를 씹는 것 같다. 새콤달콤 매콤한 소스는 설탕, 간장, 식초, 고춧가루 등을 버무려 만든 것 같다. 그러니 한국인 입맛에 안 맞으려야 안 맞을 수가 없다. 해서 몇 년 전 이곳에 머물 때, 나는 눈을 뜨자마자 묵을 먹으러 갔다. 워낙 인기가 좋아 오전 중에 전부 팔려나갔기 때문이다. 서

둘렀음에도 묵이 동이 난 날이면 나는 숙소로 돌아오는 내
내 '내일은 꼭 두 그릇을 먹을 테다'라고 다짐했다.

이번 맥그로드 간즈 여행의 목표는 그때보다 한 그릇 더
늘어난 '하루에 묵 세 그릇 먹기'였다. 그런데 예상치도 못
한 방해꾼들이 나타났다. 바로 엄마와 이모! 둘이 내세운
'내가 묵을 먹지 말아야 할 이유'는 아주 놀랍도록 비논리적
이었다.

우선 첫 번째 이유, 여사님들이 현지 길거리 음식을 무척
싫어한다. 그래서 내가 먹는 것도 싫어한다. 도대체 이런 억
지가 어디 있는가. 배낭여행을 하는 사람 붙들고 다 물어봐
라. 길거리 음식을 안 먹고 여행을 할 수 있는지.

두 번째 이유, 이게 여사님들이 더 중요하게 생각하는 이
유인데, 내가 묵을 먹고 탈이 나면 본인들은 어떻게 하느냐
는 것이다. 내가 목숨을 부지해야 본인들의 목숨도 부지할
수 있다는 어마 무시한 논리다.

때문에 내가 묵을 먹으려고 시도할 때마다 엄마와 이모
가 도끼눈을 떴다. 나는 맥그로드 간즈에서 꼭 성취하리라
생각했던 목표를 상실하자 의기소침해졌고, 기운도 없어졌
으며, 의욕까지 상실했고, 결국 우울증 증세까지 보였다. 그
런 내 모습에 엄마와 이모가 드디어 칼을 빼들었고, 과감한
결심을 내리기에 이르렀다.

"딱… 한 그릇만이다."

곧 다시 델리로 가는 버스에 올라야 했다. 마음이 급해진 나는 얼른 묵 한 그릇을 사 와 신나게 흡입했다. 좀 맵다는 생각이 들기는 했지만 먹는 동안 너무나 행복했다. 나는 국물 한 모금, 고춧가루 하나도 남기지 않고 싹싹 그릇을 비웠다. 그렇게 나는 황홀한 기분으로 델리행 버스에 올랐다.

그런데 30분쯤 지났을까. 나는 또다시 예상치 못한 상황에 봉착했다. 이번에는 엄마도 이모도 아니었다. 내가 문제였다. 굽이치는 차 안에서 나는 십이지장이 몸 밖으로 튀어나올 정도로 심하게 토하기 시작했다. 내장이 다 제자리를 벗어나 꼬이는 것 같았다. 살면서 이렇게 아픈 건 처음이었다. 워낙 멀미에 약한 엄마도 옆자리에서 구토를 해댔다. 하지만 엄마를 보듬을 여력이 없었다. 엄마고 뭐고, 아파 죽을 것 같았다. 나는 구토의 괴로움에 급기야 눈물까지 쏟았다. 두 시간쯤 지났을 때는 갑자기 심장이 조여오는 느낌이 들면서 온몸에 경련이 왔다. 정신을 똑바로 차리려고 노력해봤지만 헛수고였다. 문득 '이러다가 쇼크로 죽을 수도 있겠구나'라는 생각이 스쳐갔다.

그러기를 네 시간. '누가 날 때려서 기절시켜 주던가, 차라리 죽여주던가'라는 생각을 할 때쯤 버스가 휴게소에 정차했다. 엄마와 나는 버스를 기어서 내려와 서로를 부둥켜

안고 엉엉 울었다. 진짜 너무 아파서. 다 큰 딸과 나이 든 엄마가 '너무 아파서' 울다니.

그렇게 엄마와 나는 휴게소 의자에서 30분 정도 훌쩍였다. 휴게소 의자가 푹신해서인지 다행히 잠이 오기 시작했다. 다시 버스에 탑승하고 30분쯤 지난 후에는 델리에 도착할 때까지 곯아떨어질 수 있었다. 델리에 도착하자마자 오토릭샤 기사가 달라는 대로 돈을 주고 미리 예약해두었던 숙소로 갔다.

◆

숙소에 어떻게 체크인을 했는지, 방 침대에 어떻게 누웠는지… 하나도 기억나지 않는다. 그리고 그다음 날의 기억도 없다. 엄마와 이모의 말에 따르면 나는 죽은 듯이 잠만 잤다고 한다. 하지만 사라진 기억들 속에서 섬광처럼 떠오르는 것이 있다면, 엄마와 내가 숙소 침대에 시체처럼 나란히 누워 나눴던 대화다.

"엄마, 나 죽을 뻔했어."

"선영아, 내가 더 죽을 뻔했다."

"아, 정말, 엄마! 내가 더 죽을 뻔했다니깐."

"내가 니보다 훨씬 더 죽을 뻔했다."

사경을 헤매는 와중에도 '누가 더 죽을 뻔했나?'를 두고 침대에 누워 옥신각신했던 엄마와 나. 정말 그 엄마에 그 딸이 아닐 수 없다.

208

나를 아프게 하는 것들 · 육아일기 · 동화책

엄마와
인도

어쩌면 내가 인도를 좋아하게 된 데에는 엄마의 영향이 컸을 수도 있다. 엄마는 내가 중학생이던 시절, 류시화 작가의《하늘 호수로 떠난 여행》을 읽고 또 읽었다. 뭐가 그리 재밌을까 싶어 나도 읽어보았지만 어린 나는 그 책에 별 흥미를 느끼지 못했다. 엄마는 책 어느 부분에서 감동을 받은 걸까. 낯설고 생소한 인도가 뭐가 좋다는 걸까. 그때 나는 그게 궁금했었다.

몇 년 후 나는 대학생이 되었고 인도를 배낭여행지로 택했다. 호불호가 정확히 갈리는 인도로 가는 데에 일말의 망설임도 없었다. 그때는 싸니까, 인도엔 볼 것도 갈 곳도 많으니까 등등의 이유들을 댔지만 지금 생각해보면 결정적인 이유가 있었다. 내게 인도는 익숙한 나라였다. 주야장천《하

늘 호수로 떠난 여행》을 읽던 우리 엄마 때문에.

그래서 지난 인도 여행 때 쿠리라는 마을을 일정에 끼워 넣었다. 유명한 곳은 아니지만 엄마가 좋아한 책의 배경이 된 곳이다. 그곳에 가서 류시화 시인은 물론 엄마를 사로잡은 그 무언가를 내 눈으로 볼 수 있기를, 내 가슴으로 느낄 수 있기를 바랐던 것 같다.

✦

"쿠리!"

기사의 외침에 나는 급히 버스에서 내렸다. 큰 기대를 안고 자이살메르에서 두 시간을 달려왔다. 그런데 막상 도착한 쿠리는 황량한 사막 도시였다.

'아니, 도대체 류시화 작가는 이곳에서 뭘 봤기에 그리 아름답다고 한 거야?'

나는 미리 예약해둔 아르준 게스트하우스로 발걸음을 옮겼다. 동네에 집이 몇 채 되지 않아 금세 숙소를 찾을 수 있었다. 나는 우선 짐을 풀었다. 그리고 동네를 산책했다. 스머프 집 같은 아기자기한 집들과 물동이를 이고 가는 여인들의 화려한 옷차림이 눈에 들어왔다. 그런데 뭔가 아쉬웠다. 내 가슴을 흔들기엔 역부족이었다.

저녁 시간이 되었다. 숙소 야외에 식탁이 차려졌다.

"밥을 여기서 먹나 보죠?"

숙소 직원에게 묻자 아주 멋진 답이 돌아왔다.

"네. 저녁식사는 늘 밖에 준비돼요. 사막 한가운데에서 저녁을 먹는 거죠."

사막에서의 저녁식사라… 이 얼마나 멋진 일인가! 나는 쿠리에 온 뒤 가장 들뜬 기분으로 자리를 잡고 앉았다. 직원이 갓 볶은 감자와 양젖을 내왔다. (내가 향신료를 잘 못 먹자 고맙게도 따로 요리를 해다 준 것이다.) 별이 빛나는 밤하늘을 보며 먹는 감자볶음의 맛은… 정말이지 특별했다. 내 기분을 더 돋워주려는 듯 직원이 북을 두드리며 인도 전통가를 노래했다. 하나도 알아들을 수 없었지만 온몸에 기분 좋은 소름이 돋았다.

그렇게 특별한 저녁식사가 끝났다. 직원들이 서둘러 식탁을 치우더니 그 자리에 침낭을 깔기 시작했다. 그중 한 사람을 붙들고 물었다.

"왜 여기에 침낭을 깔아요?"

"숙소 안이 너무 더워서 잠을 잘 수 없어요. 그래서 밖에서 자려고요."

"저도 여기서 자도 돼요?"

"그럼요."

나는 쾌재를 부르며 야외 침낭을 하나 선택해 누웠다. 눈을 꼭 감은 채. 그리고 심호흡을 한 뒤 조심스레 눈을 떴다. 그러자 거짓말처럼 검은 하늘이 눈앞으로 다가왔다. 그리고 셀 수 없이 많은 별똥별들이 내 눈 위로 떨어졌다. 심장이 세차게 뛰기 시작했다.

'아!… 이게 바로 쿠리의 보석이었구나!'

✦

그날 밤, 나는 인도 사막에 누워 자면서 엄마 꿈을 꿨던 것도 같다.

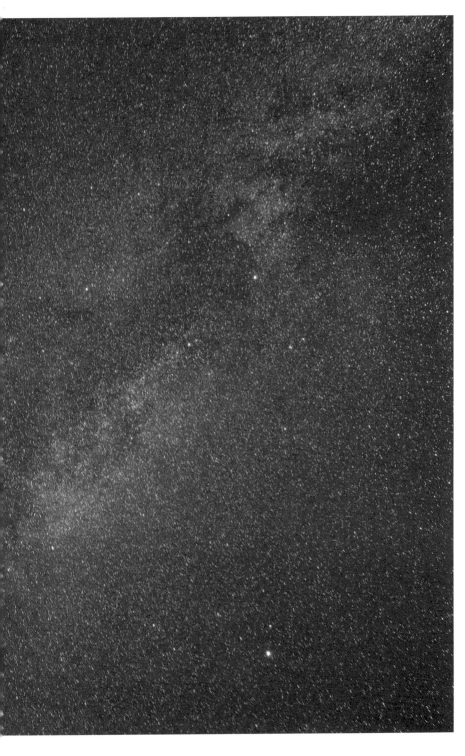

꼭 하고 싶었던
질문

나는 스물세 살 때 타지마할을 처음 봤는데, 그 당시 느낌을 지금도 똑똑히 기억한다.

"어, 사진이랑 똑같이 생겼네."

그런데 환갑에 가까운 엄마도 타지마할을 눈앞에 두고 이렇게 말했다.

"사진이랑 똑같네."

비가 억수같이 내리고 있었다. 나는 빗줄기 너머의 타지마할이 사진이랑 똑같아 보이는 것만 해도 다행이라 생각했다. 어쨌든 비가 오는 타지마할의 모습은 꽤 장관이었다. 그런데 나만 그렇게 느꼈던 모양이다. 엄마와 이모가 이구동성으로 말했다.

"이렇게 비가 올 줄 알았다면 차라리 델리에서 쇼핑이나 할걸."

그렇다. 한국으로 돌아갈 날이 다가오자 여사님들은 쇼핑을 못 하면 초조해지는 병에 걸려버렸다. 아무리 좋다는 걸 보여줘도 잠깐뿐이었다. 기념품 가게나 시장 거리를 기웃대느라 다른 것엔 관심을 쏟지 못했다. 그래도 나는 그녀들의 충실한 (물론 가끔씩 화를 폭발하는) 가이드가 아닌가. 엄마와 이모에게 타지마할에 왔다는 인증샷은 만들어줘야 했다. 나는 한 사람씩 등을 떠밀어 타지마할 앞에 세운 뒤, 비를 맞아가며 그녀들의 '타지마할 집게 사진'을 열심히 찍었다.

타지마할을 별 감동 없이 보고 나온 엄마가 정원에 있는 나무들을 유심히 살폈다.

"이렇게 큰 나무들이 있다니, 정말 멋지다!"

"엄마는 타지마할보다 그게 더 좋아?"

"엄만 나무가 더 좋다. 이거 봐라, 딸. 보리수 잎이다."

"엄마."

"와?"

"질문이 있는데."

"뭔데?"

나는 여행이 끝날 때쯤 엄마에게 꼭 묻고 싶은 게 있었다.

"여행하니까 어때? 뭔가 달라진 게 있어?"

"음…."

아무 말이 없었다. 나는 엄마가 입을 열 때까지 조용히 기다렸다.

"혹시라도 다음 생을 산다면 나는 다르게 살아볼 끼다. 더 많이 도전하고, 더 많은 사람을 만나고, 더 많은 세상을 구경하고. 그동안 닥치지도 않은 일들을 왜 그렇게 두려워하며 살았나 후회가 된다."

엄마의 말은 내 질문에 대한 답이라기보다 엄마가 스스로에게 던지는 말이었다. 나는 쟁여놓았던 또 하나의 질문도 던졌다.

"엄마도 인도가 좋아?"

"좋지! 아주 좋다, 좋아!"

엄마가 가방 안에 보리수 잎을 넣으며 외쳤다. 이상했다. 듣고 싶은 대답을 실컷 들었는데 왠지 눈물이 날 것 같았다.

여행이
우리를 변화시키는 것

한국으로 돌아가기 위해 델리에서 캘커타로 넘어왔다. 한 번 와봤던 도시라고 두 여사님들이 행동반경을 최대로 넓혀가며 거리를 활보했다. 그러다가 엄마가 '모나코'라는 식당 앞에 우뚝 서서 이렇게 말했다.

"딸, 여기 좋아 보이네. 우리 여기서 밥 먹을까?"

세상에, 엄마가 한식당이 아닌 곳에서 밥을 먹자고 하다니! "제발 한식 말고 다른 음식 좀 먹자."고 사정하던 나에게 "한식 아니면 밥 안 먹을 끼다."라고 답했던 엄마 아닌가. 이모도 놀란 표정을 숨기지 않았다.

나는 황송한 마음으로 모나코에 입성했다.

"뭐가 맛있나?"

메뉴판을 보던 엄마가 물었다. 나는 엄마의 입맛을 고려

해 최대한 매콤하고 짭조름한 음식을 주문했다. 곧 음식이 나오기 시작했고, 엄마는 그중에서도 가장 익숙한 밥부터 먹기 시작했다. 그러고는 인도 전통 빵인 '난'을 손으로 찢어 향신료가 살짝 발린 탄두리 치킨을 싸 먹었다. 정말 놀라운 광경이었다. 여행 초반, 카레집에서의 엄마를 떠올려보라. 이건 거의 기적에 가까운 일이다.

"엄마, 음식 어때?"

"생각보다 맛있고 괜찮네. 왜 진작 안 먹었나 모르겠다. 그런데 이게 얼마고?"

"어제 먹은 한식의 반의반도 안 돼."

사실 엄마가 한식만 고수했기 때문에 이번 여행에서 식비로 쓴 돈이 어마어마했다. 외국에서는 한식이 제일 비싼 음식이다. 엄마는 여행 막바지에야 '한식 먹을 돈이면 인도 현지의 최고급 레스토랑에 갈 수 있다'는 사실을 깨닫고 무척 아쉬워했다. 하지만 나는 아쉽지 않았다. 58년 동안 한국에서 살아와 다른 문화권의 모든 것들에 폐쇄적이었던 엄마의 마음이 조금씩 열리고 있었으니까.

이번 인도 여행은 엄마를 변화시켰다. 아니 변화시키고 있다. 그게 정확히 뭔지는 모르겠지만.

다시,
혼자 여행길에 오르다

아리아 여행 제정인가봐

어제부터 우리는 별로 말이 없었다. 엄마는 더욱 말이 없었고, 이모는 전에 없이 살갑게 굴었다.

오늘이 여행 마지막 날이다.

엄마와 이모는 오늘 한국으로 돌아간다. 그리고 나는 홀로 발리로 떠난다. 혼자 여행을 하면 마음이 한결 가벼워질 줄 알았는데 예상과 달리 기분이 착 가라앉았다. 엄마와 이모와 함께했던 장면들이 자꾸만 떠올랐다. 한참을 아무 말도 없던 엄마가 드디어 입을 열었다.

"딸아, 고마워. 우리 딸 덕에 그동안 좋은 거 참 많이 봤다."

엄마의 말에 이모도 덧붙였다.

"맞다 선영아. 너무 재밌었다. 내 다시 이런 좋은 일이 있을까 싶다."

이번 여행을 시작하기 전 이런저런 일들이 많았다. 어느 날엔 다 포기하고 이 여행을 없었던 일로 만들 뻔도 했고, 어느 날엔 '과연 무사히 돌아올 수 있을까' 싶어 두려움에 떠느라 잠을 설치기도 했다. 그런데 벌써 여행 마지막 날이다.

"그래? 두 분 다 즐거웠다니 다행이네. 인도 여행을 무사히 끝낸 걸 자축하자고!"

애써 밝게 내지른 내 말에 엄마가 잠깐 웃었을 뿐 우리 셋은 다시 침묵에 잠겼다.

잠시 후, 우리는 출국장으로 향했다.

"게이트 찾을 수 있겠어?"

"우리가 그거 못 찾겠나. 걱정하지 마라."

"다 컸네. 이젠 둘만 여행 보내도 되겠어."

내 말에 이모가 웃으며 말했다.

"맞다. 걱정 붙들어 매라."

나는 마지막으로 엄마와 이모를 한 번씩 안았다. 엄마는 서운한 표정을 짓긴 했지만, 언제나 그랬듯 무덤덤하게 이별의 말을 던졌다.

"한국 오면 딸이 제일 좋아하는 닭볶음탕 만들어놓을게."

이모는 헤어짐이 못내 아쉬웠는지 눈물을 글썽거렸다. "아이고 선영아, 아이고 선영아."라며 통 알아들을 수 없는

말을 내뱉기도 했다. 나도 왠지 마음이 울적해졌다.

"선영아, 발리에서 돌아오면 아구찜 사줄게."

나는 먹고 싶지도 않은, 하지만 이모가 여행 내내 노래를 불렀던 아구찜을 사주겠다는 이모의 말에 웃음이 나왔다. 역시 우리 이모야.

그렇게 엄마와 이모는 나와 헤어져 게이트를 향해 걸어 갔다. 두 여사의 뒷모습을 보니 눈물이 날 것 같았다. 계속 보고 있으면 공항에서 홀로 청승 떨며 울 것만 같아 애써 그 자리를 벗어나려는데 이모의 목소리가 들려왔다.

"선영아! 재미있고 고마웠다! 우리 간다!"

참고 참으려 애썼던 눈물이 '뚝' 하고 떨어졌다.

이것으로 우리 셋의 여행은 끝이 났다.

엄마,
기억

스물한 살, 대학 시험에 합격해 서울로 올라가기 전날 밤이었다. 다른 집과 달리 우리 집에선 누구도 날 서울까지 데려다주지 않았다. 아마 부모님은 딸을 데려다주는 것보다 딸이 서울로 가기 위해 필요한 차비를 버는 일이 더 급했는지도 모른다. 그때 나는 처음으로 집이 아닌 다른 곳에서 살기 위해 '캐리어'라는 것을 샀고, 그 가방에 옷 몇 벌과 필기도구, 기숙사에서 쓸 만한 것들을 주워 담았다. 그리고 일찍 잠자리에 들었다. 그런데 잠시 후 불 꺼진 방으로 엄마가 들어왔다. 그러고는 내 옆에 슬그머니 누워 내 손을 꼭 잡았다.

"선영아, 혼자 서울 보내서 미안하다."

10년도 더 된 일이지만 생생한 그 말.

"괜찮아. 난 지긋지긋한 집 떠나서 좋아."

내 매몰찬 대꾸에 엄마가 웃었었나.

"선영아, 난 항상 딸을 믿어. 서울 가서도 우리 딸이 당당하게 잘할 거라고 생각해. 그리고 이제부터 딸은 이 집에 손님처럼 오게 될 끼다."

"내가 왜 손님이야?"

"그냥. 이제 가면 니가 1년에 몇 번이나 집에 오겠나. 그러니깐 이제부턴 손님이지."

나는 정말 엄마가 말한 대로 1년에 한두 번 집에 내려갔다. 자주 찾는 손님도 아닌, 드문드문 찾는 손님이 되어버린 것이다. 엄마와 아빠에게 화가 나서 3년 동안 집에 내려가지 않은 적도 있었다. 그렇게 전화도 없고 집에도 안 오던 나에게 어느 날 엄마가 전화를 걸었다.

"선영아, 니 뭐하고 사나?"

"왜? 왜 전화했는데?"

"보고 싶어서."

난 엄마의 그 말에 그날 당장 짐을 싸들고 집으로 내려갔고, 3년 만에 엄마를 봤다. 상투적인 표현이지만 엄마는 그새 많이 늙어 있었다. 내가 상상했던 젊고 건강한 엄마의 모습이 아니었다. 엄마는 3년 만에 자신을 찾아온 딸을 위해 닭볶음탕을 만들어주었다. 3년 만에 찾아온 딸이 원망스럽지도 않은지 엄마는 아무렇지도 않은 듯 행동했다.

그 뒤로 자주 집에 찾아갔냐고? 물론 아니다. 1년에 고작 한두 번, 많으면 두세 번 정도 집에 내려갔다. 그런데 어느 날 이런 생각이 들었다.

'이러다가 갑자기 엄마가 죽으면 어떡하지? 엄마와 많은 시간을 보내지 못한 게 너무 슬프지 않을까?'

그 뒤부터 여행지에서 좋은 것들을 볼 때마다 엄마가 생각났다. 나를 세상에서 가장 아껴주고 사랑해주는 사람과 좋은 것을 함께 보고 싶었다. 그 사람과 가능한 한 오랫동안 함께 있고 싶었다.

이번 여름, 인도에서 나는 그 꿈을 아주 조금 실현했다. 소망이 있다면 엄마가 더 늙기 전에, 배낭을 메지 못하는 날이 오기 전에 더 많은 세상을 함께 구경하고 싶다는 것이다. 물론, 너무 자주는 말고.

내가 알던 세상이 전부가 아니었어

난생처음 보는 다른 나라 돈을 환전했다. 선영이는 "우리 일행이 뿔뿔이 흩어져도 이것을 들고 한국으로 와."라며 'E-티켓'이란 것을 주었다. 내가 인도에서 홀로 떨어져 선영이 없이 E-티켓이란 것을 들고 한국으로 돌아올 수 있을지 모르겠다. 선영이는 나에게 "엄마랑 이모는 내가 없어도 충분히 혼자 돌아올 수 있어."라고 말했지만, 만약 혼자 떨어지면 영영 돌아오지 못하고 인도에서 살아야 하는 건 아닐까 생각하곤 했다. 오래전에는 내가 없어지면 어린 선영이가 미아가 되었겠지만. 이제는 선영이가 없으면 내가 국제 미아가 되는 신세가 되어버렸다. 조그마했던 녀석이 언제 이렇게 커버린 걸까.

인도로 떠나기 전, 나는 고등학교 때 읽었던 혜초 스님의《왕오천축국전》을 떠올렸다. 읽은 지 40년이 지나 내용은 잘 기억나지 않지만, 그 책을 읽으며 '인도'라는 나라에 대해 알게 되었다. 그곳은 신기하고 놀라운 풍물이 가득한 나라일 것이라고 생각했다. 유신이 집권하던 70년대였지만 그 책을 읽으며 잠시나마 세계 일주를 꿈꿀 수 있었다.

하지만 내가 여행한 인도의 첫 모습은 혜초 스님의 표현처럼 멋지지만은 않았다. 특히 넘쳐나는 사람들은 거지인지 시민인지 구분조차 되지 않았다. 기차역에 가득한 사람들을 보고 '거지'라고 했다가 딸에게 호되게 혼이 나기도 했다. 도로에는 차만 있는 것이 아니라 오토릭샤와 사이클릭샤라는 것도 있었다. 심지어 개와 염소, 소가 4차선 도로에서 차와 나란히 달렸고, 어떤 날에는 낙타가 질주하기도 했다. 하지만 더 볼 만한 것은 그런 별세계에서 온 것 같은 풍경을 무심하게 바라보는 13억 인도 사람들이었다.

인도는 땅덩이가 커서 그런지 도시와 도시를 이동하는 시간 역시 우리나라의 곱절은 되었다. 서울 사는 선영이를 보러 부산에서 서울로 올라가는 KTX 열차를 타도 지겨워서 몸서리가 나는데, 캘커타에서 바라나시로 이동할 때는 열네 시간 동안 기차를 탔다. 그 기차 안에서 왈패 같은 딸은 인도 아줌마와 싸움질을 했다. 하지만 결국 그 아줌마가 잘못이라는 게 밝혀졌고, 기차 안에 있던 모든 인도 사람들이 선영이 앞으로 와서 사과했다. 선영이가 자랑스러웠다. 딸을 믿었기에 세계 일주를 한다고 했을 때도 말리지 않았는데, 과연 당차게 여행하고 있는 것을 보여주어 내 믿음이 틀리지 않았다는 걸 확인시켜주었다.

맥그로드 간즈로 올라갈 때에는 열두 시간 동안 버스를 탔다. 히말라야 산자락을 굽이굽이 넘어가는 버스 안에서 사경을 헤매기도 했지만, 결국 인도는 나에게 고난보다 더 값진 것을 보여주었다.

이제 곧 환갑을 맞는 내게 인도 배낭여행은 무리한 선택이라며 많은 사람들이 이 여행을 만류했다. 하지만 인도 여행을 끝낸 시점에서 생각해보면, 나는 여행으로 많은 것을 느꼈고, 58년을 살아오면서 알던 것들보다 더 많은 지혜를 깨우칠 수 있었다. 인도에서 나는 나를 놀라게 하는 많은 것들을 만났고, 한 번도 느끼지 못했던 감정들을 느꼈다. 같은 것을 봐도 나와는 전혀 다르게 생각하는 사람들을 만났으며, 그 사람들을 통해서 내가 알고 있던 세상이 전부가 아니었음을 58년 만에 깨달았다. 비록 짧은 여정이었지만, 인도 배낭여행을 선택하고, 그 속에서 많은 것을 알고 깨달은 내가 무척 자랑스럽다.

한국에 돌아와서도 인도 생각이 난다. 비가 내리면 길 위에서 개와 같이 잠들어 있던 인도 사람들이 걱정이 되고, 길거리의 쓰레기를 봐도 인도 골목 곳곳에 수북이 쌓여 있던 쓰레기 더미가 머릿속으로 파노라마처럼 스쳐간다. 음식을 먹다가도 인도의 강한 향신료 냄새가 생각이 나고, 자동차만 보면 인도 길거리에 넘쳐나던 한국 차들이 기억나니, 나는 이제 인도바라기가 되었나 보다.

또다시 전화 한 통이 걸려왔다!

이모에게서 걸려온 한 통의 **전화**.

"선영아, 이번 여름에 어디 가나?"

나는 이 질문에 답하지 말았어야 했다. 하지만 늦었다. 서른 둘이나 먹고도 세상 물정에 어둡고 눈치가 미련 곰탱이인 나는 대답을 하고야 말았다.

"여행 가지. 배낭여행. 이번엔 필리핀으로 갈 거야."

"내 것도 끊어라. 끊고 계좌번호 줘."

당황스러웠다. 필리핀 오슬롭에 산다는 고래상어에게 이모를 고려장시키려는 게 목적이라면 모를까, 바닷가 여행에 이모와 함께라니.

"이모. 이번엔 나 혼자 갈게. 미안."

나는 냉정하게 전화를 끊었다. 그리고 시작되었다. 온갖 외척들의 전화 포화가.

첫 번째 주자는 작은 외삼촌이었다.

"니가 중병에 걸리게 만들었으니 한 번 더 데려가라."

다음은 외숙모였다.

"고모가 여행병에 걸려도 단단히 걸렸다. 방에서 시름시름 앓는데 눈 뜨고 볼 수가 없다."

그다음은 큰 외삼촌.

"니 결혼하기 전에 한 번 더 데리고 갔다 오는 것도 좋지 않겠나?"

그다음엔 친척 동생.

"언니! 내가 돈 댈 테니 같이 가라."

이런 전화를 자꾸 받으니 점점 화가 났다. 나는 이모에게 전화를 걸어 따져 물었다.

"이모, 그렇게 여행을 가고 싶으면 패키지로 가! 이번엔 나 혼자 가야겠어."

"싫다. 그건 재미없을 것 같다."

"그것도 재밌어."

"싫다. 깃발 쫓아다니기 싫다."

"나랑 가는 것도 패키지랑 다를 게 없어. 패키지는 전문 가이드가 있으니 더 좋을 거야."

"싫다. 나도 니처럼 배낭여행 할 끼다."

세상에서 가장 안타까운 일이 '안 되는 일을 너무나도 간절히 바라는 것'이다. 이모를 긴 시간 설득하려 했으나 이모는 설득당할 생각이 전혀 없었고, 하는 수 없이 나는 다시 냉정하게 전화를 끊는 수밖에 없었다. 이모의 마지막 말을 애써 무시하면서.

"이번 여행 혼자 가면 다신 날 볼 생각 마라."

이모와의 통화 이후 나는 더 이상 친척들의 전화를 받지 않았다. 내가 묵묵부답이면 이모도, 외가 친척들도 포기하지 않을까 싶어 숨죽이고 있었다. 그런데 예상치도 못한 전화 한 통이 나를 단번에 무너뜨렸다.

"나도 데려가라."

엄마의 **전화**였다.

아… 지난여름, 그들에겐 무슨 일이 있었던 걸까?

　　설마 연락이 오는 곳이 있을까 하는 마음으로 원고를 보냈
다. 그런데 며칠 후 한 출판사에서 전화가 왔다. 내가 가지고 있
는 몇 권의 책을 낸 출판사였다. 문학을 전공한 사람도 아니고,
공모전에 당선된 사람도 아니고, 글 쓰는 사람도 아닌 나의 원
고를 읽어주고 연락까지 주다니! 믿을 수 없었다. 원고를 책으
로 만들어보고 싶다는 이메일을 몇 번이나 다시 읽어봤다.

　　그렇게 북로그컴퍼니와 만났다. 책을 만드는 내내 나와 내
원고를 정성으로 보듬고 다듬어준 출판사 식구들에게 고마운
마음을 전한다. 특히 처음 내 글을 읽어봐주신 출판사 대표님과
첫 회의 때 뵈었던 김옥자 편집실장님, 아무것도 모르는 나를
이것저것 가르쳐주신 태윤미 팀장님께 감사하다는 인사를 하
고 싶다.

책을 내면서 고마웠던 사람들을 열거하는 게 바보 같다는 생각을 했었는데, 그 바보 같은 짓을 한번 해보련다.

엄마가 여행 가 있는 동안 홀로 밥을 차려 드시며 외로웠을 아빠와 여행 경비의 상당 부분을 보태준 오빠에게 아직 고맙다는 말을 하지 못했다. 이 책으로 고마움을 대신하고자 한다. 배낭여행을 떠나는 노처녀 이모가 걱정되어 바람막이, 모자, 볶음고추장, 선식을 지원해준 이모 친구들에게도 감사하다고 말하고 싶다. 나 대신 엄마와 이모를 맡아주었던 롭상 오빠, 지혜 씨, 철수 씨에게도 깊은 감사를 표한다. 이 세 사람이 아니었다면 나는 아마 10킬로그램 이상 살이 빠졌을 것이다. 책에 넣을 사진을 흔쾌히 보내주신 싯따르따 님(김정남 님)께도 감사의 말을 전한다.

이 책이 나올 수 있었던 것은 내 글을 좋아해주고, 매번 글을 쓸 때마다 응원해준, 그리고 여전히 나를 지지하고 덧글로 힘을 주는 나의 블로그 이웃분들 덕분이다. 당신들이 내 글을 공식적으로 좋아해준 첫 사람들이었고, 당신들 덕분에 계속 글을 쓰게 되었다. 고마운 마음을 다 표현할 길이 없다. 생각나는 닉네임 하나하나를 열거하고 싶지만 그러다 빠지는 이가 생길까 봐 못하겠다.

블로그에 찾아와주는 사람이 없었다면 내 글은 언제까지나 내 노트에만 있는, 나만 읽는 글이었을 것이다. 언젠가 한번, 친한 이웃분들과 만나 술 한잔 마시며 사는 이야기나 해보고 싶다.

20대엔 긴 여행을 자주 다녔다. 그 여행지에서 가장 행복했던 시간은 경치 좋은 카페에 앉아 공책을 펴 글을 쓰는 시간이었다. 유적지를 찾아가서도 바람이 살랑살랑 불어오면 어딘가에 걸터앉아 글을 썼고, 외로움을 견디기 힘든 시간에도 글을 썼다. 그럼에도 내 글이 책으로 나온다는 생각을 해본 적은 없었다.

이 글은 여행 에세이지만 여행을 위한 글이라고 단정 짓고 싶지는 않다. 그간 먹고사는 것이 바빠 소중한 사람들과 시간을 보내지 못한 모든 사람들을 위한 글이라 하고 싶다.

신변잡기에 가까운 이야기가 종이에 인쇄되어 나무들만 희생당하는 것은 아닐까, 란 생각에 괴롭기도 하다.

누군가가 이 글을 읽고 소중한 사람과 소중한 시간을 함께하기로 마음먹기를 기대하며, 그들도 나처럼 행복한 시간을 보내기를 소망하며 글을 맺는다.